民办高校心理委员工作的建构与指导

薛洪涛 著

燕山大学出版社

2019·秦皇岛

图书在版编目（CIP）数据

民办高校心理委员工作的建构与指导 / 薛洪涛著. — 2 版. — 秦皇岛：燕山大学出版社，2022.1

ISBN 978-7-5761-0288-8

Ⅰ. ①民… Ⅱ. ①薛… Ⅲ. ①民办高校－心理健康－健康教育－研究－中国 Ⅳ. ①G444

中国版本图书馆 CIP 数据核字(2022)第 000829 号

民办高校心理委员工作的建构与指导
薛洪涛　著

出 版 人：陈　玉				
责任编辑：杨春茹		策划编辑：杨春茹		
封面设计：朱玉慧		责任印制：吴　波		
出版发行：燕山大学出版社 YANSHAN UNIVERSITY PRESS		地　　址：河北省秦皇岛市河北大街西段 438 号		
邮政编码：066004		电　　话：0335-8387555		
印　　刷：英格拉姆印刷(固安)有限公司		经　　销：全国新华书店		
尺　　寸：170mm×240mm　1/16		印　　张：10	字　　数：130 千字	
版　　次：2022 年 1 月第 2 版		印　　次：2022 年 1 月第 1 次印刷		
书　　号：ISBN 978-7-5761-0288-8				
定　　价：42.00 元				

版权所有　侵权必究
如发生印刷、装订质量问题，读者可与出版社联系调换
联系电话：0335-8387718

世界上最宽广的是海洋

比海洋更广阔的是天空

比天空更广阔的是人的心灵

——雨果

前　言

　　为贯彻落实中共中央、国务院《关于进一步加强和改进大学生思想政治教育的意见》和《教育部、卫生部、共青团中央关于进一步加强和改进大学生心理健康教育的意见》的精神，根据民办高校在校学生的具体情况，建立了心理委员模式。在几年的实践过程中，我们看到各班心理委员在提高班级学生心理健康水平、传播心理健康常识等方面起到了较为积极的作用，但同时也发现，民办高校心理委员在工作中遇到了种种困难、疑惑及问题，故编写此工作手册，意在使心理委员通过此手册规范日常工作、提升自身心理素质，并能更及时有效地为班级同学服务。由于编者能力有限，手册中难免有各种错误，希望读者积极指出，我们会在以后的修订中改正。在编写的过程中也参考了许多国内高校的心理健康教育手册，在此一并表示感谢。

作者

2018 年 3 月 19 日

目 录

第一章 民办高校大学生心理健康教育工作 ······ 1
  一、民办高校大学生心理健康教育工作体系 ······ 1
  二、民办高校心理健康活动体系 ······ 2
  三、班级心理委员的定位和作用 ······ 4

第二章 心理委员的工作职责 ······ 6
  一、心理委员的职责 ······ 6
  二、心理委员的管理 ······ 9

第三章 心理委员基本技能 ······ 17
  一、尊重技术 ······ 17
  二、温暖技术 ······ 18
  三、真诚技术 ······ 19
  四、共情技术 ······ 21
  五、积极关注技术 ······ 24
  六、鼓励技术 ······ 26
  七、具体化技术 ······ 27
  八、内容反应技术 ······ 28
  九、情感反应技术 ······ 30

十、解释技术 ………………………………………… 32
十一、阻抗处理技术 ………………………………… 33
十二、非言语交流技术 ……………………………… 36
十三、询问技术 ……………………………………… 43
十四、倾听技术 ……………………………………… 44
十五、自我表露技术 ………………………………… 50
十六、内容表达技术 ………………………………… 51
十七、情感表达技术 ………………………………… 52
十八、面质技术 ……………………………………… 53
十九、指导技术 ……………………………………… 54
二十、团体咨询技术 ………………………………… 55

第四章 心理健康与心理卫生 …………………………… 56
一、心理健康的标准 ………………………………… 56
二、心理卫生的等级 ………………………………… 67

第五章 大学生常见的心理困扰及其应对 ……………… 71
一、大学生常见的自我意识困扰 …………………… 71
二、如何培养健康的自我意识 ……………………… 90
三、大学生人际交往中常见的困扰 ………………… 94
四、应对人际关系困扰的心理策略 ………………… 96
五、大学生的学习心理困扰 ………………………… 101
六、大学生健康学习心理的培养 …………………… 103

第六章 常见心理疾病的早期发现 ……………………… 106
一、抑郁症 …………………………………………… 106
二、神经症 …………………………………………… 109
三、精神分裂症 ……………………………………… 114

第七章　心理危机干预 ············· 123
一、心理危机概述 ················· 123
二、自杀 ······················· 126
三、大学学生突发事件应急处理流程图 ······· 132

第八章　Q&A ····················· 133

附录 ··························· 136
附录一：我们身边的心理咨询机构和热线信息 ····· 136
附录二：某民办高校心理健康教育实施办法 ······ 137
附录三：学生心理危机干预及自杀预防实施办法（试行）··· 142

参考文献 ························ 149

第一章 民办高校大学生心理健康教育工作

当前民办高校学生的心理健康问题日益突出，民办高校愈发重视心理健康教育，逐步建设心理咨询中心或心理健康教育中心，并建立了心理危机干预体系以预防心理问题的发生。大部分民办高校对学生进行心理健康教育的历史较短、经验不足，同时部分学校并不重视，导致心理健康教育中心沦为摆设，很少能为学生解决心理问题。为了校园的安全稳定，民办高校应进一步完善学生心理健康教学机制，构建心理健康教育体系，切实推进民办高校学生心理健康教育工作。

一、民办高校大学生心理健康教育工作体系

经过十余年的建设，在各级教育行政部门的要求下，民办高校普遍建立了心理健康教育三级工作网络体系，形成了专职心理咨询师、院系兼职心理辅导员、班级心理委员三支工作者队伍。三支队伍互相配合、有机结合，形成涵盖学校、院系、班级、社团、社区和社会在内的完整的心理健康教育及心理援助工作网络和体系，有效地保障了大学生心理健康教育工作的开展。

（一）专职的专业化队伍

民办高校目前普遍建立了专职心理健康教育工作者队伍。队伍成员普遍拥有心理学或者医学专业硕士以上学位，拥有国家心理咨询《职业资格

证书》，基本上能达到职业化、专业化的水平。

专职心理健康教育工作者在三级工作网络中发挥着核心作用，主要承担专业咨询、教学、科研、培训及指导其他两支队伍的任务。部分学校还聘请一批专家作为顾问，对学校的心理健康教育工作进行宏观指导，对专、兼职教师进行业务指导和专业督导。

（二）院系兼职心理辅导员队伍

和普通高校一样，民办高校学生工作部门和心理健康教育部门联合在辅导员队伍中选拔既热爱学生工作又对心理健康教育有兴趣的一线辅导员，经过培训、考试，使其成为专业或准专业的心理咨询师，担任学校的心理辅导员。通过他们在第一线的独立工作，提高心理健康教育工作的覆盖面，成为学校心理健康教育中心工作在基层的积极延伸，实现了心理健康教育和思想政治教育的密切结合。

（三）学生心理委员

学生既是心理健康教育的服务对象，同时也是工作主体之一。在各级教育行政部门的倡导下，民办高校一般都已经在每个班级中设置了心理委员这个职务，并将其列入班委名单。这些心理委员对心理健康感兴趣、个人能力较高，以朋辈的身份开展大学生心理健康教育宣传活动，协助心理辅导员开展工作，在同学中发挥了坚实的基础作用。

二、民办高校心理健康活动体系

民办高校大学生心理健康教育是一项系统工程，虽然被纳入体系之中，但是教育的开展不应当因为体系化而形式化。也就是说，民办高校大学生心理教育的开展不应当仅限于课堂、讲座或是心理咨询辅导等形式，而是要充分利用各种资源拓展心理健康教育开展的渠道，使教育与学生内心深层次的需求对接。心理健康教育的方式根据教育目的和内容可以分为显性教育和隐性教育两种。显性教育是指那些带有较强目的性的教育方式，有明确的教学内容和课程安排。这个对于民办高校来说很容易做到，比如在全校开展心理健康教育课程，安排大规模培训等。而隐性教育更多是通过环境或条件的创造，让被教育者凭借感知去调整心态。民办高校一般通过学生活动的形式来开展隐性教育，因此构建适合民办高校的心理健康活动体系就显得尤为重要。心理健康活动因其专业性，一般需要心理健康教育中心提供专业指导，在民办高校中逐渐形成了"心理健康教育中心—学生心理社团—心理委员"的心理健康教育活动体系。心理健康教育中心、学生心理社团、心理委员三者缺一不可。

（一）心理健康教育中心

心理健康教育中心是心理健康教育体系的重要一环，也是心理健康活动体系的主要组织者和领导者。在民办高校中一般挂靠在学生工作处，也有部分拥有心理学、教育学等专业的民办高校将心理健康教育中心挂靠在专业院系。心理健康教育中心指导学生社团开展心理活动，为学生人际交往活动的开展和人际关系的形成提供时间和空间上的条件。通过群体活动促进学生间交往频率的增加，在互动交流中使学生人际交往困扰得以减轻，提高学生的心理健康水平。

（二）学生心理社团

学生心理社团一般是由心理健康教育中心专业指导的。学生心理社团是以全体大学生为主体，开展与心理学有关的活动，探索心理健康问题的学生社团。心理社团是由对心理学有共同兴趣爱好的学生自愿组成，共同开展心理活动的学生组织，是学生自我教育、自我管理、自我服务的一种有效形式。心理社团作为校园文化的有机组成部分，是心理健康教育的有效阵地，是学生参加维护心理健康活动的重要载体，发挥着学生自我教育的功能。

心理社团要承办各类心理健康教育活动，如心理剧大赛、心理健康讲座、心理健康知识竞赛、学生团体辅导等。学生心理社团如心理健康协会、心理学社等是班级心理委员的家，通过组织开展各类活动为心理委员补充心理健康知识、提供实践基地、创造交流平台、锻炼技能技巧，从而预防心理疾病的发生和发展。

（三）心理委员

"心理委员"一职是我国借鉴西方国家和我国港台地区"朋辈心理咨询"模式的经验而创建形成的。在民办高校中建立心理委员队伍，充分发挥学生主体作用，发挥学生在学校心理健康教育工作中的桥梁与纽带作用，广泛而深入地开展朋辈心理互助和心理健康教育活动，有利于扩大心理健康教育工作的覆盖面和影响力，增强心理健康教育的实效性。

在我国，心理咨询发展较为滞后，对于朋辈心理咨询的支持较弱，绝大部分民办高校是以朋辈的身份来开展心理健康活动的。当助人者拥有一定的心理健康知识和心理辅导技巧时，这种互助活动的功能将发挥得更好。在民办高校大学生中开展朋辈心理互助活动是很有意义的：首先，同学之间共同学习和生活，相互交流和沟通频繁，而且学生也喜欢向同龄人打开心扉、交流感情、倾诉烦恼。如果能具有一定心理健康知识，在相互交流沟通的过程中，同学就能得到更好的心理帮助；"朋辈辅导"者也可以鼓励或介绍有心理困扰的学生到心理咨询专业机构寻求帮助。朋辈心理互助是民办高校专业心理咨询的重要补充。

三、班级心理委员的定位和作用

"班级心理委员模式"是在班级本位心理健康教育方面的新探索。主要着力于两个建设：一是学校心理健康的防御，逐步建立健全辐射到每个班级的学校心理健康监控体系。目的是及时发现和预防学生中的心理问题，减少精神疾病的发生，减少校园危机事件，做到提前防范、实时监控、及时发现、及时疏导；二是逐步建立健全辐射到每个班级的学生心理素质拓展体系。通过专业的团体心理辅导和丰富多彩的校园活动等，优化、提高学生的心理素质，培养学生的健全人格。

　　班级心理委员（以下简称心理委员）在学校开展的心理素质和心理健康教育活动中，发挥着积极的作用。作为高校开展心理健康教育的生力军和高校心理健康教育网络的重要组成部分，这支队伍的心理健康与否是高校能否顺利开展心理健康教育工作的关键。

　　心理委员作为一名班干部，负有以平等、尊重、助人的态度为班级同学提供心理健康服务的职责，同时还要组织开展班级心理健康教育的各类事务和活动。由于心理委员和班级其他同学有着共同的成长经历和情感体验，以及稳固的友谊和信赖关系，因此自然性的鸿沟小、防御性低、共通面大、互动性强，更容易相互理解、相互沟通、相互接纳。心理委员开展工作不受时空限制，能够在宿舍、食堂、教室、操场等场所随时随地进行，不仅能够随机解决心理问题，而且能够让需要帮助的人更加放松自如。

第二章 心理委员的工作职责

一、心理委员的职责

心理委员的设立缘于中央16号文件以及各地区心理危机干预的实施办法。心理委员作为班委会的成员之一，工作性质与学习委员、宣传委员、文体委员、生活委员、组织委员等不同，心理委员的工作职责具有自身的特点。

关于心理委员的工作职责，研究者们的看法基本一致，比如肖祥红等人（2011）认为心理委员主要负责向本班同学宣传大学生心理健康的重要性、大学生常见的心理问题以及大学生的心理援救渠道；将学校心理健康教育中心的活动通知同学，鼓励他们积极参加。同时要积极关注班级成员的精神面貌，若发现异常，要将信息及时反馈到辅导员或心理健康教师处；积极配合院系心理健康教育中心教师开展工作，如新生心理普查及建档工作、危机干预；根据本班实际情况，在心理健康教师的指导下，有针对性地开展心理健康活动，提高班级成员的心理健康水平。

王玲（2011）认为心理委员的工作职责主要包括：①积极将心理健康与心理卫生方面的知识宣传给本班同学，让本班同学了解大学生心理发展的规律。当他们在发展过程中出现问题时，能够进行自我调节和保健；②主动关注本班同学的心理状况，有计划、有针对性地开展班级心理健康教育活动；③定期参加校心理健康中心举办的心理健康知识培训和交流活动；④及时发现本班有心理问题的学生，发挥好朋辈辅导的作用；⑤关注特殊人群，给予家庭情况复杂、性格孤僻、家庭经济困难、学习成绩差、纪律观念薄弱的同学更多的关注和帮助。协助心理健康老师或辅导员做好心理危机预警工作，及时将重大危机事件、心理异常学生的情况向辅导员和学校心理健康教育中心汇报；⑥定期向辅导员、心理健康教育中心从多方面报告本班心理工作的开展情况以及学生的心理动态；⑦协助有心理困惑的同学及时前往心理咨询室接受心理辅导。

陈秀珍（2012）认为心理委员的工作职责是：①认真学习心理健康知识，积极参加各种培训，不断提高自身的工作能力和业务水平；②熟悉本班每位同学的基本情况，包括家庭生活、性格、学习生活等，主动关心、帮助同学，全方位地为同学服务；③主动向本班同学宣传心理健康知识，传播心理健康理念；④遵守保密原则，同学的隐私不向他人透露，若涉及危机情况则必须马上向学校及辅导员等及时汇报；⑤了解本班同学的心理动态，每个学期至少向辅导员、心理教师做两次书面汇报；⑥积极开展提高大学生心理素质的班级活动，增强同学之间的交流，增强班集体的凝聚力；⑦协助教师举办团体心理辅导、心理讲座等；⑧协助心理咨询中心做好每年度的新生心理健康普查工作，建立新生心理档案；⑨将家境贫困、性格内向、学习困难的同学列为重点关注对象，并给予及时有效的帮助；⑩如遇自身解决不了的心理问题，应及时转介同学前往学校心理咨询室，接受专业的心理辅导。

韩丽丽（2012）认为心理委员的工作职责是：①在班级宣传普及心理健康基本知识，组织班级学生开展心理健康教育活动，增强学生的心理健康和心理保健意识，营造和谐融洽的班级心理氛围和良好的人际关系，落实学校及院系安排部署的心理健康教育工作任务；②心理委员在力所能及的范围内主动帮助同学解决日常学习和生活中出现的心理困扰，如果无法解决，应及时向有关部门反映；③观察班级同学的心理动态，及时上报心理危机事件，不断提升广大同学的心理素质和心理健康水平，不断提高自己的知识水平和助人技巧，促进自我成长；④委员在工作开展中严格遵守保密原则，自觉保护同学的隐私。

李莉（2011）认为心理委员的工作职责主要包括：①在班级内组织和开展心理健康教育相关活动，宣传和普及心理健康知识，从而营造和谐融洽的班级心理氛围；②积极推进朋辈心理咨询活动，主动帮助班级同学解决日常生活和学习中出现的心理问题；③对于班级同学的心理动态，随时留意、敏锐观察，及时上报心理危机事件。

闫娟丽（2013）认为心理委员的工作职责是：①积极宣传大学生心理健康知识，开展心理健康教育宣传活动；②带动同学参与学校和班级组织开展的各种心理健康教育活动；③关注学生的心理异常现象，并及时向辅导员和学校心理健康辅导员反映，使其很快得到解决；④帮助有心理困难的同学及时前往心理咨询室接受心理咨询，并向心理辅导教师报告同学的心理状况，以实现对该同学的跟踪及反馈；⑤协助心理健康教育教师开展心理普查；⑥在心理健康教育中心担任助理，为老师和同学提供服务。

胡远超等人（2008）把心理委员的工作职责概括为收集信息、传递信息、主动干预、辅助干预。薛艺等人（2008）则将心理委员的工作职责概括为联络员和朋辈辅导员。而范晴岚（2010）认为心理委员的工作职责为关注、宣传、预警、成长。

根据众多学者的研究、开放式问卷调查以及访谈的结果，笔者认为心理委员的工作职责主要包括以下几个方面：

（1）心理委员是传播心理健康知识的宣传员，是学校心理教育工作中的一支重要力量，其工作职责的核心是：学会观察、学会倾听、学会助人、保守秘密。

（2）关心班级同学的情绪、心理状况，尤其是那些近期生活中发生过重大事件的同学，如亲人故去、考试成绩低于自己的预期、失恋、受处分、家庭发生重大变故等，要发挥朋辈心理辅导的作用（对于同学的情况必须遵循保密性原则）。在适当情况下，可以向同学委婉地介绍谈心室。

（3）宣传心理健康知识，中心会不定期发给心理委员一些专题性的宣传资料，要负责向班级同学宣传、下发。

（4）遇到危机情况，立即向辅导员或中心汇报。

（5）积极参加中心组织的各种活动，包括心理讲座、心理健康知识培训等。

（6）关注自己的心理健康状况，阅读有关心理健康的书籍，努力营造积极健康的心理氛围。定期组织开展全班性的相关心理活动。

（7）定期收集班级同学提出的一般心理困惑并及时反馈到上一级机构寻求专业解答。

（8）及时反映班级中出现的异常心理状态，对一般性的心理困惑进行及时解答。

二、心理委员的管理

（一）心理委员的产生

20世纪六七十年代，美国学校的专业心理咨询人员匮乏，不能满足学生需要，一些学者开始尝试在学校培训学生，以帮助其他需要帮助的学生。随后，欧美国家许多大、中、小学都开展了朋辈心理咨询的研究与实践。心理委员制度是我国学校心理健康教育工作者借鉴朋辈心理咨询模式所做的进一步探索和尝试。2004年，天津大学在全国率先提出并实施以心理委员为基础的心理危机干预机制，在全国产生巨大反响，随后，心理委员制度在我国很多高校和中、小学得到迅速推广和使用。

心理委员制度是指在班级设立专门负责开展心理健康教育工作的班委会成员的制度。心理委员作为班干部，负有以平等、尊重、助人的态度为班级同学提供心理健康服务的职责，同时还要组织开展班级心理健康教育的各类事务和活动。心理委员制度建立在同伴教育和朋辈心理辅导的理论基础上。完全依靠专职教师的危机干预模式的缺陷，让很多心理教育的实践者开始考虑更加全面的、更利于信息沟通的危机干预模式，心理委员制度正是在此基础上应运而生。

心理委员制度是在各个班级设立 1～2 个心理委员职位,由学校心理健康教育中心的专职教师对这些心理委员进行培训,使他们掌握基本的心理咨询的知识、原则和技巧,以便在班级同学遇到心理危机无法处理时,及时向学校的专业咨询老师报告。通过这样的心理委员制度,使心理健康工作纳入规范化的学生事务中,从而确保心理危机的信息传递和干预有一个广泛而稳定的网络基石。

出于工作性质要求,心理委员需要一些特殊的条件。在意愿上,心理委员必须具备为同学服务的意愿。同时,心理委员必须对心理学和心理咨询有所了解,具备较强的沟通能力和亲和力。只有这样,同学才愿意在有心理困扰时向其求助。另外,心理委员需要具备一定的学习能力,能够自觉学习心理知识来为同学排忧解惑。要承担班级一些心理方面的活动,心理委员需要有一定的组织能力。在个性特点上,心理委员要活泼,善于交流,喜欢和人打交道,以赢得同学们的信任,及时获悉同学中可能引发危机事件的心理波动,并及时向老师反映。

(二)心理委员在心理危机中的作用

1. 心理危机的内涵

"危机"是指人类个体或群体无法利用现有资源和通常应对机制加以处理的事件和遭遇。心理危机按表现形式可分为静态与动态两种。静态心理危机指的是一种状态,是个体在遭遇重大问题时运用惯常的应对方式无法处理而出现的一种心理失衡状态,这是一种过渡状态。当个体处于危机状态时,在生理、情绪、认知和行为上会发生变化,如果这种变化长时间得不到调整,便会引发心理障碍,导致自伤或伤他等过激行为的发生。动态心理危机则指的是一种心理过程,是个体在发展中由于受自身资源匮乏、认知水平滞后等因素的影响,原有的心理平衡状态被打破而新的心理平衡状态尚未形成的过程。动态心理危机与静态心理危机是相互转化的,当危机易感个体或群体处于静态心理危机时,危机并不会表现出来;当遇到重大应激事件时,动态心理危机就爆发了。

大学生心理危机是指高校学生运用惯常应对方式无法解决的，由于不能克服外部刺激、心理冲突所产生的异常反应，诸如思维混乱、语无伦次、行为怪异、严重不合群等行为方式明显变化。大学生心理危机的发生通常具有突发性、紧急性、痛苦性、无助性、危险性等特征。

2. 心理危机干预

危机干预是指对经历危机、遭遇挫折处于困境及将要发生危险的人，采取行之有效的办法，为其提供心理支持和帮助，使之恢复心理平衡，获得健康，重新适应生活。心理危机干预是指在心理学、心理咨询学及心理健康教育学理论和技术的指导下，对处于心理危机状态的个人或群体实施有计划、有目的、有步骤的心理辅导，以帮助这些人恢复严重失衡的心理状态，缓解其过激行为，降低或消除可能出现的对自身、他人和社会的危害。大学生心理危机干预是指对处于心理危机的大学生采取及时有效的应对措施，帮助其克服危机，使之逐渐恢复心理平衡，重新面对生活。清华大学樊富珉教授认为，心理危机干预的目标有二：一是避免自伤或伤及他人；二是恢复心理平衡与动力。大学生心理危机干预的终极目标是促进大学生的心理健康发展。

针对危机发生的时期不同，可以将大学生心理危机干预工作分为四个阶段：一是心理危机预防阶段。这一阶段的主要任务是在没有危机的日常生活中，重视大学生心理危机相关知识和心理健康教育，以提高大学生应对危机的心理准备和应变能力；二是心理危机预警阶段。这一阶段主要是在危机爆发前收集相关信息，进行系统评估，制定计划，并采取防范措施，尽量避免心理危机发生的突然性、意外性及危险性；三是心理危机化解阶段。即危机发生时，采取切实可行的干预方法，为危机来访者提供及时干预；四是心理危机后的干预阶段。在心理危机爆发过后，给予适当的心理安抚、心理动态跟踪和成长教育，使大学生能从危机中成长，学到有效的自我调节方法。

3. 心理委员在大学生心理危机干预各阶段的作用

不管是公立高校还是民办高校，大学生心理危机干预都应以专业的危机干预人员为主。但随着我国高等教育改革的不断深入，高等教育已从精英教育转为大众教育或普及教育，高校学生人数直线上升，使专业心理危机干预人员数量明显不足，且大学生心理危机干预是一项需多方合作的复杂的系统工程，因此，只有构建广泛的大学生心理危机干预工作网络，保证运行机制的通畅，才能确保处于危机中的学生能得到有效的救助。扎根于学生当中的心理委员，因具备距离的优势，在大学生心理危机干预各阶段均会起到不可估量的作用。

第一阶段，心理危机预防阶段。

心理委员在心理危机预防中起到了非常重要的作用。心理危机干预重在预防。心理委员因与同学同辈且与同学共同生活，能直接感受同学的心理感受，了解同学的心理需要，因此他们在班级组织开展关于心理危机干预知识的宣传和普及活动，更能根据同学的需要出发，内容更贴近同学的实际，活动形式更多样化，对同学有更强的吸引力。笔者的工作实践中，优秀的班级心理委员可以针对班上同学的心理特点开展活动，比如部分心理委员针对有些同学不适应大学生活、性格内向不善表达、学习态度不够积极主动等现象，分别组织了"缘来一家人""打开心窗，让阳光进来""心理沙龙""心理情景剧"等特色活动，这些活动不仅成了全班同学乐于参与的活动，还在各个班级乃至学校中起到了积极作用。通过活动的开展，内向的同学慢慢开朗了，情绪低落的同学也走出了阴影，学习困难的同学慢慢找到了适合自己的学习途径。这些都帮助学生提高了心理自助及助人的能力，为危机干预奠定了坚实的基础。

第二阶段，心理危机形成阶段。

心理委员在心理危机形成阶段干预中不可或缺。心理委员的重要作用之一是对危机中的同学进行朋辈心理咨询，以预防危机的产生。朋辈心理咨询是利用学生本身的相互信任关系，在朋辈之间进行心理咨询。人本主义心理学派指出，心理咨询是建立在他助、自助基础上的积极的人际互动过程。信任和良好的人际关系是有效的心理咨询的基础，同伴之间由于年龄相近，彼此之间会有比较接近的价值观念、经验、生活方式、生活理念，因此，更容易形成彼此的信任关系。有关调查发现，遇到心理问题时，大部分大学生更愿意向同伴倾诉。在生活中，很多心理危机是由于一些小事导致的心理波动长期得不到排解造成的。假如在危机形成的早期，能有心理委员这样的同龄人，利用朋辈辅导的特殊优势，对同学的心理波动进行适时的心理疏导，就能够有效地预防一些心理问题进一步发展。心理委员应具有敏锐观察的能力并及时记录本班学生的心理变化动态，定期向中心报告。观察记录内容务必真实客观，而且谨慎保管、严加保密、定期销毁。

另外，及时收集相关信息并保持信息的通畅是心理危机干预的关键。民办高校不同于公立高校，学生和家长对于学校的负面新闻关注更多，严重心理危机甚至自伤、自杀等事件对于学校的安全稳定影响更加严重。很多学生心理危机事件的恶化，往往是由于信息不畅、错过干预的最佳时期而导致的。为了保持信息通畅，一般民办高校在省级教育行政部门的要求下都建立了三级危机干预网络。班级的心理委员为第一级，各学校的心理辅导老师为第二级，心理健康教育中心和相关部门为第三级。

当一个学生处于危机之中时，人格和行为的变化，或多或少会在他自己所处的班级或宿舍中首先表现出来，班级心理委员与同学朝夕相处，如果掌握相关技能，注意观察，就很容易及时发现和了解同学中存在的问题。因此，通过心理委员收集危机相关信息，就意味着信息的收集从基层开始，使信息收集的及时性、真实性、全面性有所保障，为实质性的危机干预争取了宝贵的时间。可以说，心理委员就是学校最基层、最可靠的心理哨兵。在日常工作中，为了规范心理委员的工作，我们为心理委员的日常监控建立了模型。以班级为基本单位的心理委员制度，由于深入到了班级，从而保证了相关信息的流畅性。心理委员需要向心理健康教育中心报告的是危机事件而不是一般的生活事件。对于一般的、不会对本人有重大影响的心理困扰，如果本人认为是个人隐私并不想寻求心理咨询的，心理委员并不需要向心理健康教育中心汇报。而心理健康教育中心也需要对心理委员进行相关的培训，以便让心理委员能够区分一般的生活事件和重要的危机事件。对于一般的生活事件，心理委员应该发挥朋辈心理咨询师的作用，对其进行相应的心理帮助。而对于严重的心理危机事件，超出了自己处理的能力范围的，应该立即向上级部门汇报，以便及时对危机事件进行处理。例如笔者所在高校，有几个危机干预的案例就是由于心理委员及时提供了预警信息，使得处于心理危机中的同学及时得到学校、老师的有效帮助，从而将学生心理危机事件有效化解。

第三阶段，心理危机处理阶段。

心理委员在心理危机化解中至关重要。在危机事件当中，危机干预的首要目的是保证心理危机来访者的安全。心理委员与同学之间由于年龄差距较小，价值观念、实践经验也比较接近，有共同的生活理念和行为方式，因此，更容易与危机来访者建立联络和初步信任关系，更利于对危机来访者进行安全保护和心理陪护。

笔者所在高校某院系一位被诊断为抑郁症、有自杀倾向的同学，在得到学校心理健康教育中心的专业支持的同时，我们成立了心理委员监护小组在其身边进行二十四小时监护和心理疏导。经过专科医院的治疗，该同学目前学习生活均已恢复正常，顺利毕业。事实证明，心理委员虽不是专业心理咨询师，但在危机干预中可在一定程度上稳定和疏导来访者的情绪并起到保护作用。

第四阶段，心理危机重估阶段。

危机重估阶段，是对危机处理的效果进行评估，以确定下一步的处理方式。在这个阶段，同样需要心理委员的参与。一方面，心理危机来访者的急性期过后，还需要对来访者进行关注，做好后期跟踪与援助工作，为其搭建良好的情感支持系统，帮助其恢复心理功能。这时候，心理委员可以给予更多更贴切的帮助、支持，如引导与鼓励来访者积极参加一些可行的、对改善现状有帮助的活动，以更正不良的应对方式，建立新的生活、学习秩序。另一方面，心理委员能够对相关的信息进行及时反馈，从而有利于更好地评价危机处理的效果。在经历了危机之后，危机来访者仍需要一定的心理安抚与情感支持，心理委员与同学同吃、同住、同课堂，对危机来访者危机后的思想、心理动态及现实行为表现都能了解得比较清楚，便于及时地反馈信息，从而更好地评价危机处理的效果，同时也有利于帮助来访者找到归属感，重新面对生活。

心理委员在学校心理危机干预网络中是最基层的、重要的组成部分，但其在大学生心理危机干预中作用的发挥也受到心理委员自身素质、掌握相关知识技能程度等限制，民办高校要在有限的资源中做好心理危机干预工作，就需要促使心理委员在危机干预中发挥更大作用，更加注意加强与推进对心理委员的选拔、培养与管理，如采取科学的方法，选出适合从事心理委员这个角色特征的人员；有周期、有步骤地给予他们心理学方面知识的培训，增加其专业知识的储备；明确他们的工作职责，并为他们设置一定的奖励机制，以激发他们的工作热情等。

（三）心理委员的考核

班级心理委员经过选拔、培训后，其日常开展的工作还需要通过学校、学校负责心理健康教育工作的老师或统管心理委员的大学生心理健康教育社团进行必要的考核。

心理委员的考核包括知识技能的考核和工作成绩的考核。知识技能的考核是指通过培训或自学，心理委员必须掌握一定的心理知识。工作成绩的考核，如果不能确定明确的工作量化指标，就实行三级考核制度。即一旦班级里的大多数同学，或者院里的辅导员，或者学校心理健康教育中心的老师的任何一方认为该同学不宜再担任班级的心理委员，就需要对其进行替换。同时，一旦出现重大危机事件，有条件报告而未直接向中心报告的，也需要对其进行相应的处理。

在具体实施过程中，部分民办高校将各班级心理委员自动纳入到心理健康教育社团中，因此社团制定的用以明确社团人员每学期工作完成指标和活动参与指标的《心理健康教育社团考核管理办法》，对班级心理委员的工作考核同样适用。《考核管理办法》分为"规定项"与"自选项"两部分，并根据工作和活动内容赋予每一项相应的分值。"规定项"中如"组织开展心理班会课""定期上报班级心理晴雨表""参加社团组织的主题活动""参加'5•25''双十'大型心理健康教育活动"等是作为社团人员必须要完成的社团任务;"自选项"是社团人员根据个人需求,自主参加的各类活动而获得的附加分,如参加心理剧排演、协助社团指导老师开展团体辅导活动等。《考核管理办法》中规定每学期社员必须完成一定的积分才能成为合格的社员,社团干部和班级心理委员必须完成规定的积分才能参与评优评奖,社团每学期会将所有社团人员的考核结果进行排名并予以公布。考核得分与每学期评优评奖、综合测评中学生干部职务打分等其它考核、奖励制度挂钩。

  值得说明的是,制度方面的考核只是一种客观的、外在的管理或制约,更重要的是心理委员在完成自身工作职责过程中的身心成长和变化,包括心理知识、能力和人格方面的发展,这些是心理健康教育工作的老师在考核心理委员工作时应该更加重视的;同时,在对班级心理委员的工作进行考核打分甚至评优评奖时,还需要采集不同视角的综合评价,如来自心理委员的自评、来自班级同学的评价、来自任课教师或辅导员的评价、来自心理咨询教师的评价等,从而确保全面、公正、深入地了解班级心理委员的工作状况。

第三章 心理委员基本技能

心理委员在面对本班同学开展心理服务时，应严格按本手册提供的心理咨询常识进行，在超出自身的干预能力范围时，心理委员应及时向有关同学建议并将其转介到学校心理健康教育中心。

心理委员在一定条件下对本班同学进行有限度的心理咨询工作。学生之间的心理咨询又称为朋辈心理咨询。心理委员在实施朋辈心理咨询时，应注意严格按心理咨询的规范操作。为了使心理委员的同辈心理咨询更为有效，在此简要介绍一些心理咨询的基本技能。

一、尊重技术

尊重是指心理咨询师对来访者的接纳态度，尊重技术是心理咨询师的最起码要求。尊重来访者的现状以及他们的价值观、人格和权益，予以接纳、关注、爱护，是建立良好咨访关系的重要条件，是有效助人的基础。尊重来访者，其意义在于可以给来访者创造一个安全、温暖的氛围，这样的氛围使其可以最大限度地表达自己。尊重具有明显的助人效果，尊重是咨询成功的基础。在咨询过程中，心理咨询师要接受对方，能容忍对方不同的观点、习惯等。罗杰斯甚至认为尊重是无条件的，是整体的接纳，不但包括他的长处，连短处也都一起包括在内。

尊重的表现：①完整接纳来访者的光明积极正确和灰暗消极错误。将咨询师自身的价值观、生活态度置于一旁，走进来访者的价值体系，从他的视角看待周围世界，无论是来访者的喜欢、厌恶还是反对、赞同都以中性态度面对，但并不是指咨询师要委曲求全，咨询师需要有敏锐的自我觉察力。②平等对待来访者，温暖礼貌，忽略差异，特别是不以专家身份压人。③对来访者充分信任，才能探查到对方症结所在，进而激发对方有改变自我的主观意愿，最终共同解决问题。咨询师一旦怀疑，就会阻断深入了解来访者的可能性。来访者在自我知觉场中所认为的样子最重要，如果他/她说了假话，探查背后的原因和动机更有利于解决真正的症结所在。④对来访者的隐私保护做到不好奇、不传播、不评论，但涉及对自身/他人虐待等人身伤害和具有反社会人格的来访者，则应该及时向心理健康教育中心专职教师报告。

二、温暖技术

温暖是指心理咨询师对来访者给予温暖，温暖技术与尊重技术是类似的，但是温暖技术较尊重技术与来访者的距离更近些。尊重是以礼待人、平等交流，富有理性的色彩，而温暖则充满了浓厚的感情色彩。

面对来访者不安、疑惑、紧张、焦虑、犹豫的情绪，热情澎湃的态度很有可能让对方不知所措，以上感觉加剧，不仅不会如沐春风，反而可能会吓跑，因为对方可能接收不到你的热情，反而解读出错位的"不耐烦""不满"的情绪。在心理咨询或日常对话中，热情是主动外露，浓郁的、略带进攻的情绪，让人感觉过于友好，容易不知所措；而温暖，是温柔含蓄，淡淡的、柔柔包裹的态度，是良好对话的开端和咨询时乃至日常生活中的基本素质。

温暖对话具体操作：一问，一答，慢慢来，语句末尾包含鼓励，不慌不忙一步步贴近对方需求；专注、友好、认真地倾听并配合真诚的表情；接受来访者改变的缓慢与时常的反复，即便他/她与自身的三观完全不同，仍报以不批评、不厌烦的态度并能与之耐心梳理。

温暖的作用：细致、周到、耐心的温暖能消除对方不良情绪；通过关切询问对方近况，积极鼓励自我探索，真诚感谢对方密切配合能有效激发对方合作欲望。

朋辈心理咨询如果只有理性尊重的一面，提问、分析、平等交流、冷静思考会显得不近人情、过于客气、公事公办。通过温暖技术的使用，才能理解对方需要，才能够有情感交流。

三、真诚技术

真诚是最受欢迎的个性品质，这是心理学家安德森在1968年通过调查研究得出的结论。安德森列出了500多个描绘个性特质的形容词，经过统计，与真诚相反的品质都出现在了"最消极品质"一栏里。

最积极品质	中间品质	最消极品质
真诚	固执	古怪
诚实	刻板	不友好
理解	大胆	敌意
忠诚	谨慎	饶舌
真实	易激动	自私
可信	文静	粗鲁
智慧	冲动	自负
可信赖	好斗	贪婪
有思想	腼腆	不真诚
体贴	易动情	不善良
热情	羞怯	不可信
善良	天真	恶毒
友好	不明朗	虚假
快乐	好动	令人讨厌
不自私	空想	不老实
幽默	追求物欲	冷酷
负责	反叛	邪恶
开朗	孤独	装假
信任	依赖别人	说谎

如果一个人能真诚地面对自己和对待他人，他的心态将会是积极和健康的。然而，面对复杂的生存环境，做到真诚却不是那么容易的事情，很多人选择妥协，久而久之心理问题便会滋生，因为他成了不受他自己欢迎的人。不过笔者要讨论的并不是怎样在生活中做到真诚，因为每个人面临

的情况都是不尽相同的，泛泛而谈没有太多意义，在本书中关于真诚的讨论仅限于朋辈心理咨询方面。

真诚是指在咨询过程中，咨询师应该以"真正的我"出现，不应把自己藏在某一个特定角色（比如心理委员）的后面，扮演十全十美的咨询师角色。相反，应该是很开放、很自然、很真诚地投入咨询过程中。具体来说，真诚的表现就是咨询师开诚布公地与来访者交谈，直截了当地表达自己的想法，而不是让来访者去猜测谈话中的真实含义或去想象所说的是否还提供了什么别的信息；咨询师清楚自己的价值观和人生信念，在咨询中心口一致、言行一致，咨询的取向不与自己的价值观和信念相违背；咨询师自己表达自我，不害怕暴露自己的短处，不戴面具，大方自然。心理咨询师的真诚表达可以促进来访者自我开放，它是打开来访者紧闭的心灵大门的钥匙。

在具体工作中应该在什么情况下使用真诚技术呢？下面几种情形心理委员要注意：

第一，真诚不等于说实话。

真诚与说实话之间既有联系，又不能画等号。有人认为真诚就是想到什么说什么，否则就不够真诚。其实这是一种教条的、绝对化的理解。咨询师表达真诚应遵循一个基本原则，即对来访者负责，有助于来访者成长，这一原则适用于整个咨询过程。而且真诚不仅仅表现在言语中，非言语行为尤其是咨询中的实际表现更是表达真诚的好方法。因此，咨询师的真诚并不是什么都可以随意地说出来，那些有害于来访者或有损于咨访关系的话，一般就不宜表达。

第二，真诚不是自我发泄。

假如一位失恋的咨询师，在咨询过程中，来访者的叙述勾起了她伤心的往事，于是她花了半个小时，滔滔不绝、非常激动地向来访者叙述了她的失恋经过及痛苦，虽然咨询师是有感而发、真诚流露，但她忘记了咨询时间是属于来访者的，咨询师不应随便地占用。咨询师流露真情、表示真诚，其目的是为了帮助来访者，而不是为了宣泄自己的感情或宣传自己的主张。再者，这种表达似乎是强迫来访者在听，可能会产生负面效果，使来访者对咨询师的形象认知产生动摇。

第三，真诚应实事求是。

有些咨询师为了炫耀自己知识渊博或掩饰自己在某方面的欠缺，可能会不懂装懂。一旦被来访者识破，就会失去来访者的信赖。而且，不懂装懂还会误导来访者，带来不良的后果。有些初学者很注意自己的个人形象，要求自己在来访者面前是权威和完美的，能让来访者敬佩的，然而，由于过多地注意形象，维护完美，过分表现自己甚至装腔作势，以致失去了很多的真诚，带上了不少修饰成分，并且拉大了咨询师与来访者之间的距离，给沟通增加了困难。因而，咨询师应了解自己，承认并接受自己的不足，不可虚假。来访者更愿意接受真实的咨询师。

第四，真诚应适度。

有人认为真诚既然是好的特性，那么表达得越多越好。其实并不一定如此。除了不宜表达有害于来访者的言语、不能把真诚流露用于发泄自己的情感这两点之外，即使是对来访者有利的真诚亦因人因时而异，否则有些来访者会因咨询师太多的真诚而受不了。真诚应适度，如同对人热情要适度一样。

第五，真诚还体现在非言语交流上。

咨询师在咨询中采用的非言语的身体语言更是表达真诚的好办法，咨询师关注的目光流露的是真诚；前倾、谦和的姿势表达的是真诚；倾听时平和的表情显示的是真诚；无条件地接纳来访者表达任何内容，点头就是真诚；无论来访者的认知多么扭曲、行为多么怪异、情绪多么低落，咨询师平和的声音就是真诚；不管来访者如何阻抗咨询或移情，咨询师热情助人的流露就是真诚。

四、共情技术

共情（empathy）一词，中文有多种译法，如同感、共感、同理心等。简而言之，共情技术是指咨询师一边倾听来访者的叙述，一边进入来访者的精神世界，并能设身处地、感同身受地体验这个精神世界，然后跳出来以言语准确地表达对来访者内心体验的理解。

共情是心理咨询中咨访关系建立的首要因素，是咨询的基本特质。它包括了以下几个方面的含义：

（1）转换角度，真正设身处地地使自己"变成"来访者，用他的眼睛和头脑去知觉、体验、思考。按罗杰斯的看法，共情就是"体验他人的精神世界，就好像那是自己的精神世界一样"。

（2）设身处地地倾听来访者。

（3）回到你自己的世界中来，借助于知识和经验，把你从来访者那里知觉到的东西做一番整理，理解它们。

（4）用言语和非言语行为做出反应，引导来访者对其感受做进一步的思考。

（5）在反应的同时留意对方的反馈信息，必要时应直接询问对方是否感到自己被理解了。

共情在朋辈辅导中非常有用，它可以帮助我们建立良好的咨访关系；修正咨询师对来访者的理解；协助来访者自我表达、自我探索，从而了解自己内在深层的想法和感受。

共情在使用时需要注意以下几点：

心理咨询专家按照不同的水平，对共情做了分类，不同类型的共情其使用要求是不一样的。共情分为两种类型：一种是初级的共情，一种是高级准确的共情。比如来访者被最好的朋友出卖了，他愤怒之下砸了好朋友送的所有的东西。他在谈及此事时说："我当时气极了，真想把家里的东西全部砸了，不过了……"（他的双眼蒙上了一层雾气，十指痉挛似的扭在一起），此时朋辈辅导员如何反馈呢？

（初级共情的反应）咨询师：……我可以理解你当时的这种心情……

（高级准确共情的反应）咨询师：……要是我也可能会这样想……你是不是觉得这件事对你的伤害太大了？

另一位心理学者卡可夫则把共情分成五种不同水平，从有害的反应（第一层次）到交换式的反应（第三层次）再到累积的共情（第四、第五层次）。下面举例来说明这五种层次的反应。

来访者：……我觉得很难过、很难过，因为我从来没担心过高考，就算想，也只是估计自己能不能取得优异成绩。唉！想不到居然名落孙山，真是越想越不服气。今年的高考其实并不难，班上成绩中等的人都考入了大学，没想到一向佼佼者的我却只能上民办……我觉得考试根本就不能正确评估一个人的成绩，况且读书也不是为了考试，这样我也就想开了，决定参加工作算了，但我的父母却骂了我一顿，坚持说上大学才有出息，一定要我上大学。和他们争了几天，没有结果，我都烦死了。

（第一层次）咨询师：你为什么感到如此悲伤？

（第二层次）咨询师：你一向成绩很好，但想不到高考却失败了。

（第三层次）咨询师：因为高考失败，所以你感到很失望，很难过。

（第四层次）咨询师：因为高考失败，所以你感到很失望，很难过，也不清楚前面的路该如何走，心中很乱。

（第五层次）咨询师：你一向成绩很好，从来没想到高考会失败，因此你感到特别失望与难过，也有点气愤。与父母商量后，似乎非读书不可，但自己实在有点不甘心，因而内心很矛盾。

从上例可见，第一层次的回答中，咨询师似乎根本没有留意来访者所说的话，而他问来访者为何这样悲伤，是个很不妥当的问题，反映了他不但没有留心倾听，而且还完全忽略了来访者所表达的重要感受。第二层次的回答中，咨询师的反应虽然在内容上和来访者表面所说一致，但他只注意了来访者表面的感受，故在反应中只有内容上的复述，缺乏感情的响应。从他的反应中，可看出他的倾听不很准确，以致了解得不够全面。

卡可夫认为，若要在咨询过程中产生有效的结果，咨询师最起码要具有第三层次的共情。在此层次，咨询师的反应与来访者所表达的意义和感受比较一致，但未能对来访者较深的感受做出反应，即没有对隐藏于言语背后的感受做出共情反应。

第四层次的共情程度较高。在咨询师的反应中，他表达的感受已深于来访者所能表达的感受,即咨询师把来访者深藏于言语背后的感受也表达了出来,因此来访者可由此来体验和表达起初未察觉和未能表达的感受,同时还可以掌握这些感受背后的含义。

达到第五层次的咨询师,做到了最准确的共情。无论在表面或深入的感受上,都很准确。上例中,他不但明白来访者失望、难过这些表面的感受,甚至连很深入的情感,如气愤、不甘心和矛盾等,也都做了准确的反应。此时,咨询师已能对来访者做全面而准确的共情了。

我们在朋辈心理辅导中,在使用共情技术时,还应注意防止以下几种不适合的倾向:

(1)直接的指导和引导。如"你应该这样""你应该谈这个问题,而不是谈那个问题"等。

(2)简单的判断和评价。如"我认为那是错的""你太骄傲自大了"等。

(3)空洞的说教和劝诫。如"青年人应该志向远大,以工作为重,爱情应服从事业"等。

(4)贴标签和诊断。如"你有自卑情绪""你的行为方式是神经症性的"等。

(5)虚弱的保证,试图使来访者高兴。如"你的明天一定会比今天好""你一定能考入大学"等。

(6)排斥消极的情感,不能接纳来访者的全部情感。如"你不应该吹牛""人不应悲观沉沦"等。

五、积极关注技术

积极关注是指在心理咨询过程中对来访者的言语和行为的积极、光明、正性的方面予以关注,从而使来访者拥有正向价值观,拥有改变自己的内在动力。积极关注涉及人的基本认识和基本情感。凡是心理咨询工作,首先必须抱有一种信念:受助者是可以改变的。

心理咨询师应以积极的态度看待来访者,注意强调他们的长处,有选择地突出来访者及其行为中的积极方面，利用其自身的积极因素，达到治疗目的。对来访者言语和行为的积极、光明、正性的方面予以关注，从而使来访者拥有积极的价值观，拥有改变自己的内在动力，通俗地说，积极关注就是辩证、客观地看待来访者。

著名人本主义心理学家卡尔·罗杰斯认为积极关注指自我知觉出现后婴儿开始产生的被人爱、被人喜欢和被人认可的需要。积极关注得到满足或挫折的结果产生了人们的自我关注评价。满足易发展积极的自我关注，而不满足则易发展消极的自我关注。积极关注是积极的自我关注的先决条件，但积极的自我关注一旦建立，就不再依赖被爱的需要，而可以自我延续。如果人们看到无论行动如何都获得别人接纳，那么他们获得的是无条件积极关注。但绝大多数人所接受到的不是无条件积极关注，而是有价值条件的。也就是说只有满足了所谓的来自周围人的期望，才能得到他们的爱和认可，即是有条件的积极关注。这使得周围外界价值观易影响人们对自我的评价。

积极关注技术在使用时可以从下面几个角度来运用：

（1）关注来访者在咨询中的表现，例如：你很坦然，你在咨询的过程中与我配合得很好等。

（2）对来访者身上的某些长处予以鼓励，特别是当来访者自己对这些长处都不太肯定的时候，给予关注就更加有价值。

（3）对于来访者在咨询过程中所取得的点滴的进步予以关注、予以鼓励，促使来访者获得更大的进步。

（4）可以用来访者以前所取得的成绩，用以前所表现出来的一些积极的东西予以鼓励。鼓励的目的是促使来访者更好地认识自己，增强改变自己的信心。

在运用积极关注技术时有几点是需要注意的，尤其是在朋辈心理辅导中很容易在这些点上犯错误，进而影响了整体辅导的效果。

（1）态度要真诚。

（2）要实事求是。不能过分夸大、盲目乐观，需建立在来访者的真实的基础之上。

（3）要有针对性。我们给予的关注是来访者需要的，针对性越强获得的效果越好，并且针对性是符合咨询的目标的。

（4）在予以积极关注的时候要避免某些来访者的某些迎合的表现。来访者做一个改变是为了博得咨询师的好感、赞扬，这种进步很可能不是真正意义上的进步，某些来访者借用好好学习来回避人际交往的不足，他把学习作为一种手段，对于这样的一种表现，咨询师在咨询中不应该予以过多的关注，更不应该给予鼓励，应该适当的提出来，让来访者敢于面对自己的问题。

（5）在运用积极关注的时候最好是启发来访者自己去发现自己的长处、挖掘自己的潜力，自己学会鼓励自己，这是一种更高的境界。

六、鼓励技术

鼓励技术指心理咨询师通过发现来访者身上的闪光点并加以适当鼓励的技术。鼓励技术具体可以表现为直接地重复来访者的话或仅以某些词语如"嗯""讲下去""还有吗"等，来强化来访者叙述的内容并鼓励其进一步讲下去。在具体技术上虽然亮点鼓励技术和重复鼓励技术有所不同，但是在朋辈辅导培训中，一般不需要心理委员把二者做具体区分。

通过鼓励技术可以促进会谈，促进来访者的表达与探索。鼓励技术的另一个作用是通过对来访者所述内容的某一点、某一方面作选择性关注，引导来访者向着某一方面作近一步深入地探索。例如，一位来访者说："我和女朋友已经相爱半年了，可我父母有不同意见，我母亲喜欢我女朋友，但我父亲反对我上大学时谈恋爱。我为此很烦恼，书也看不进去，晚上经常失眠，不知怎么办好。"此例有许多个主题，咨询师可选择任何一个予以关注，比如，"你说你们俩相爱半年了？""你母亲喜欢你女朋友？""你父亲不赞成读大学时谈恋爱？""你失眠了？""你说你现在看不进书？"等，鼓励来访者表达不同的主题，从而引导来访者朝着不同的方向探索，达到不同的深度。因此，咨询师应把握来访者所谈的内容，根据咨询目标的需要及经验等有选择性地给予鼓励。咨询师虽然在进行倾听，但这是一种主动的、积极的、参与式的倾听，咨询师的倾听对来访者来说就是一种鼓励。上例中，选择"你不知怎么办才好"作为重复或许是最好的。一方面抓住了来访者现状的核心，理解了来访者；另一方面鼓励了来访者对困扰其的问题做更近一步的表达和探索。一般来说，来访者长篇大论地描述其困惑的最后一个主题，往往有可能是最重要的，因此可对其给予鼓励。

七、具体化技术

具体化技术指心理咨询师协助来访者清楚、准确地表达他们的观点、所用的概念、所体验到的情感以及所经历的事件。

具体化技术也称为具体性技术、澄清技术。具体化技术是指咨询师聆听来访者叙述时，若发现来访者陈述的内容有含糊不清的地方，咨询师以"何人、何时、何地、有何感觉、有何想法、发生什么事、如何发生"等问题，协助来访者更清楚、更具体地描述问题。

具体化技术使人们联想到要寻找具体的事物，但心理咨询中具体化的含义不止于此。在咨询中具体化是要找出事物的特殊性、事物的具体细节，使重要的、具体的事实及情感得以澄清。咨询师使用具体化技术，要注意做好两方面的工作：一是澄清具体事实；二是搞明白来访者所说的词汇的具体含义。不少来访者所叙述的思想、情感、事件，常常是模糊、混乱、矛盾、不合理的。这些常常是引起来访者困扰的重要原因之一，同时也使问题变得越来越复杂、越来越纠缠不清。在咨询的过程中，咨询师要运用具体化技术，搞清到底发生了什么事，或者对方当时到底是怎么想的，有什么情绪、情感的变化等，澄清当时的具体事实。还有的时候，来访者会使用一些与其自身环境背景有关的词汇，这些词汇往往具有特定的含义，咨询师一经发现就应及时了解其含义，避免来访者含糊、概括地对自己进行界定。

咨询师要促使来访者准确地讲述其所面临的情境及对情境的反应，可以借用开放式的方式实现，如："你的意思是……""你说你觉得……你能说得更具体点吗？""你是怎么知道的？""你所说的……是指什么？""你能给我举个例子吗？"等。

具体化技术的功能在于：

（1）借助具体化技术，咨询师可澄清来访者所表达的那些模糊不清的观念及问题，把握真实情况，同时亦使来访者弄清自己的所思所感。

（2）具体化过程也就是问题解决的过程。没有具体化这种技术，把握的信息很可能是模糊的、错误的，从而很难使咨询师有针对性地开展工作。

（3）会谈的基调和深度常常与会谈中是否涉及具体问题有关，因此具体化决定着咨询的质量，也影响着咨访关系的建立。只有真正理解对方的经历、处境、感情等，才可能达到共情的境界。

具体化技术常常在问题模糊的情境、过分概括化的情境、概念不清的情境中使用。使用具体化技术时应当注意两点：①大多数来访者是愿意讲出具体的事情、经历或情绪体验的。但当某些情绪体验对来访者影响极大，他们有可能因此而受到很深伤害时（如受虐待或遭强暴的痛苦体验等），这时就不应马上与来访者讨论具体的事情与经历。②咨询师本身的反应要针对来访者特殊的、独一无二的情况进行，不可随便使用一些常见的和普遍性的词汇，或随便给人贴上标签。如"我觉得你太自卑""你的性格过于内向""你是个悲观主义者"等。咨询师的反应往往会对来访者产生很大影响，起到暗示、强化、评判的作用，因而在作出反应时需格外谨慎。

八、内容反应技术

内容反应，即释义或说明，是指心理咨询师把来访者的主要言谈、思想加以综合整理后，再反馈给来访者。它包括有选择地注意来访者信息中的认知部分，并将来访者的主要想法用咨询师的语言表达出来。

范例：

来访者：我知道我自己整天躺在床上并不能消除我的抑郁情绪。

咨询师1：你知道，你要避免整天躺在床上，以减轻你的抑郁情绪。

咨询师2：你已经意识到了，你需要离开床铺四处走走，以便减少抑郁。（效果会更好一些）

内容反应技术的使用目的：

（1）通过释义告知来访者你已经理解了他的信息。

（2）鼓励来访者对一些关键想法或思想作近一步的阐释，进一步探讨某一个重要的话题。

（3）帮助来访者集中注意具有重要性的特殊环境、事件、思想和行为，而不至于分心。

（4）帮助那些需要做出决定的来访者。

内容反应技术的实施步骤，我们以一个例子加以说明：

来访者：我该如何告诉我的男友我想和他分手？我想我不敢告诉他。他会认为我疯了。

咨询师的释义：听起来你好像是说，你考虑到你男友的可能性反应，你还没有告诉男友你想和他分手，是这样子的吗？

来访者：嗯，是的。我已经决定了。但是我不知道该如何告诉他，因为他还以为一切都很好。

（1）来访者告诉我了什么？她想和她的男友分手，但又不敢告诉他。因为他会认为她疯了。

（2）信息的内容部分是什么？想分手但还没有告诉她的男友，因为男友会认为她疯了。

（3）应该是用什么合适的语句来进行释义？"我听到你说……""你认为……"

（4）怎样将来访者的主要内容用我的话语来表达呢？想分手等于解除关系、结束关系。

（5）如何知道我的释义是有用的呢？来访者的认知得到了澄清，比如本例中的"是的。我已经决定了。但是我不知道我该如何告诉他,因为他还以为一切都很好"。

内容反应技术使用时应注意以下两点:①内容反应技术可以使用在心理咨询的任何阶段,但是咨询师所反馈的内容不要超出来访者叙述的内涵,避免加入个人主观看法,也不要遗漏来访者重要的想法与感觉。②尽量使用自己的语言,以免由于使用来访者已经使用过的语汇而招致他们的反感。

九、情感反应技术

情感反应技术是心理咨询中的重要参与性技术,是指咨询师把来访者所陈述的有关情绪、情感的主要内容经过概括、综合与整理,用自己的话反馈给来访者,以达到加强对来访者情绪、情感的理解,促进沟通的目的。情感反应技术与内容反应技术很接近,不过内容反应技术着重于来访者的言谈内容的反馈,而情感反应技术着重于来访者的情感反馈。事实上,心理咨询师对来访者的情感与思想的反应是同时进行的。

情感反应技术在咨询中能够起到非常重要的作用,主要表现在以下几个方面:

(1)促使来访者觉察情感。在来访者语言与非语言行为的牵引下,咨询师流畅地融入来访者的感情世界,融入来访者肝肠寸断、悲愤扼腕的生命历程,回旋在来访者爱恨交织的呜咽与挣扎中。在来访者的主观世界体验、逗留、感同身受。

咨询师跳出来访者的内心世界后,用自己的语言,将自己的体会传达给来访者。咨询师走进来访者的经验后,反应的情感自然能引起来访者的共鸣,催促着来访者觉察自己的情感。

(2)协助来访者重新拥有自己的感觉。来访者通过否认或情感隔离,可以忽略经验中关键性、伤害性的信息,再重大的伤害,也只剩下浮光掠影、微不足道的细节,激不起来访者内心的伤痛。这种方式虽然可以帮助来访者逃避经验带来的痛苦,可是伤口不会因来访者的自我欺骗而自动痊愈。

要协助来访者跳脱原有的窠臼,改写创伤经验对来访者的意义,就必须协助来访者觉察自己的情感,重新拥有过去否认、隔离的情绪。当这些被隔离的情感重新被接受、成为生命的一部分后,人格会因为重新被统整、扩大而生机盎然。情感反应技术可以带领来访者面对自己的情感,觉察自己的情感,进而接纳自己的情感,使被否认的情感成为生命的潜力。

（3）让咨询师正确了解来访者,或使来访者了解自己。有时候咨询师的敏感度不够,误解了来访者的感觉,以至于反应的情感,并非来访者真正的感觉。透过来访者的修正,咨询师得以正确地了解来访者。当咨询师反应来访者情感时,提醒了来访者回头去统整自己的经验,觉察自己的感觉,核对咨询师反应的情感是否正确。这个过程,让来访者有机会进一步了解自己、表达自己。

（4）建立良好的咨访关系。来访者来找咨询师协助之时,已在问题中载沉载浮多时,内心的焦虑与无助无法言语。咨询师对来访者的情感反应,除了协助来访者觉察自己的感觉,更清楚了解自己的状态外,还传达出咨询师对来访者的关心与用心。这种设身处地的体贴,足以让来访者因为被了解、被重视、被支持而被感动,进而愿意打开心胸,让咨询师进入他的内心世界。换句话说,情感反应技术可以帮助咨询师与来访者建立良好的咨访关系。

情感反应技术使用中需要注意这些要点：

（1）这一技术可以使用在心理咨询的任何阶段。

（2）所做的情感反应,要准确反应来访者的感受,不能超过或减少来访者表达的。

（3）不仅反应来访者言语所表达的情感,更要反应非言语传达的情感。

（4）所用言语尽量不要重复来访者的用词。

（5）焦点放在此时此刻的情感上。

（6）反应来访者的多种情感。

十、解释技术

解释即运用一种理论来描述出来访者的思想、情感、和行为的原因、过程、实质等。解释使来访者从一个新的、更全面的角度来重新面对自己的困扰、自己周围的环境以及自己，并借助于新的观念、系统化的思想来加深了解自身的行为、思想和情感，产生领悟，提高认识，促进变化。

解释内容主要包括：

（1）认知内容。认知内容包括感觉、知觉、表象、记忆和注意等方面的内容。例如，咨询师向来访者解释"因为同学过生日没请我，所以这说明我是一个不受欢迎的人"是一种自动性思维。向来访者解释什么是自动性思维，并举例说明自动性思维的基本特点。

（2）情绪内容。情绪内容包括心境、情绪和激情等内容。例如，如果咨询师认为来访者所遇到的问题是心境恶劣障碍，那么咨询师就要从心理学角度向来访者简明扼要地解释什么叫心境和心境恶劣、心境恶劣的基本特点等，通常结合来访者的具体情况分析效果会更好。

（3）行为反应。行为反应这个概念的含义很广泛，有狭义和广义之分。狭义的行为反应指的是可以观察到的身体的外在变化，如四肢运动、面部表情等。广义的行为反应含义很广，人对刺激所做出的一切反应均称作行为反应，包括外在能够观察到的行为变化、身体内部的一切体验和变化，包括认知、情绪和生理反应。这里所指的行为反应显然是狭义的行为反应。必要时，咨询师有责任向来访者解释其行为的相关特点，如"为什么有的人整天没有笑容？"咨询师必须结合其他相关症状来判断来访者的症状并作出鉴别诊断和解释。究竟属于抑郁症性情绪低落还是分裂症性情感淡漠，还是其他原因所致？不同的症状背后存在不同的临床解释。

（4）生理反应。生理反应按身体不同系统分，可以表现为消化系统、循环系统、内分泌系统、神经系统、泌尿系统等症状。咨询师需要了解心理因素与某些系统症状之间的关系。如某些胸闷、头痛、心悸、胃肠道不适等症状可以与神经症相关的焦虑有关。而根据相关精神病理学解释，引起焦虑的真实原因可能是心理因素。

（5）潜意识内容。潜意识内容包括梦境、口误、心理防御等。有关潜意识内容的理论支持主要是精神分析，因此咨询师在解释这些内容时必须具有充分的精神分析知识并受过相关系统训练，否则千万不要轻易对来访者的潜意识内容作主观分析。

（6）相互之间的关系。对上述内容之间关系的解释需要咨询师具备心理学、医学、社会学等多方面的知识。

解释技术的实际操作步骤：

（1）确定来访者信息中暗含的含义。来访者提供的信息对一位训练有素的咨询师来说应该有一系列支持和解释它的理论。

（2）帮助来访者从不同角度审视问题。咨询过程中，来访者总是习惯于从自己的立场来审视自己的问题，而咨询师也总是习惯于从专业出发多视角审视来访者的问题。对于来访者来说，咨询师的立场是一种专业的立场，使用得当能让来访者更深刻地理解自己的问题。但是如果使用不当，咨询师使用大量专业术语，会使来访者有一种如坠云雾的感觉。

（3）咨询师与来访者保持非冲突性文化背景。咨询师要尊重来访者所处的文化，不能将咨询师的文化价值观念强加给来访者。

（4）解释所用措辞适用于来访者。这样做是为了与来访者建立良好的咨访关系。

（5）检查解释反应效果。来访者的言语与非言语反应是对咨询师解释最好的反馈。

十一、阻抗处理技术

阻抗是指来访者在心理咨询过程中，以公开或者隐蔽的方式否定咨询师的分析，拖延、对抗咨询师的要求，从而影响咨询的进展，甚至使咨询难以进行的一种现象。

弗洛伊德将阻抗定义为来访者在自由联想过程中对于那些使人产生焦虑的

记忆与认识的压抑,因此,阻抗的意义在于增强个体的自我防御。弗洛伊德对阻抗的定义强调了潜意识对于个体自由联想活动的能动作用。卡尔·罗杰斯将阻抗看作个体对于自我暴露及其情绪体验的抵抗,目的在于不使个体的自我认识与自尊受到威胁。这一观点体现了个体的认知对于自我结构与发展的防护作用。还有一些行为主义心理学家把阻抗理解为个体对于其行为矫正的不服从。

(一)阻抗产生的原因

1. 来自来访者的阻抗

主要包括成长中的阻抗、机能性的行为失调和对抗心理咨询师的心理动机。

(1)成长中的阻抗主要来自两个方面:①新的行为的问题:在咨询中来访者需要重新觉察自己的基本信念和价值观,但许多来访者前来咨询时尚未认识到这一点,没有认识到他的心理问题源于其信念与价值观。②结束或消除旧的行为的问题:来访者的某些旧的行为是许多年不断积累形成的,而且可能还曾给他们带来过欢乐。

(2)所谓机能性的行为失调是指失调的行为最初是偶然的,因为其在某方面的需要得到了满足,失调行为发生的次数增加,以致固定下来。

(3)阻抗来自对抗咨询师的心理动机。

2. 来自咨询师的阻抗

(1)产生于满足自身需要的阻抗。来访者身上某些特性可能正好能够满足咨询师自身的某些需要,若咨询师把为满足需要的努力也带入咨询过程,阻抗就产生了。

(2)与咨询师个人缺点有关的阻抗。有的咨询师其生活中也存在这样的问题,若来访者的问题恰好与之接近或相似,咨询师就可能难以分辨。

(二)阻抗的表现形式

1. 来自来访者的阻抗表现形式

讲话程度上的阻抗表现:沉默和寡语,其中以沉默最为突出;讲话方式上的阻抗表现：主要有顺从、控制话题、最终暴露和心理外归因等；讲话内容上的阻抗表现：在咨询过程中，来访者经常通过对谈话内容的直接、间接控制，表现他对心理咨询及个人行为变化的阻抗；咨访关系上的阻抗表现：来访者通过故意破坏心理咨询的一般安排与规定来实现其自我防御的目的，其中最突出的有不认真履行心理咨询的安排，如不按时赴约、借故迟到、早退，不认真完成咨询人员布置的作业，不付或延付咨询费，以及诱惑咨询人员，通过其言行、装扮等来影响心理咨询的进程，或用请客送礼来表示自我防御的需要及企图控制心理咨访关系的欲望等，都属于阻抗的表现。

2. 来自咨询师的阻抗表现形式

主要有下列10条：迟到或取消已约定的时间，并且准备了一大套有关的理由；不认真听来访者的谈话，也不与来访者认真讨论问题，而是只顾自己说，让来访者听；会谈时走神或打瞌睡；会谈时不讨论来访者的问题而是谈论自己的事情；常常忘记有关来访者的信息；对来访者提出不可能做到的要求；突然认为来访者有另一个"特殊的问题"，要把来访者介绍给其他咨询师；拒绝与来访者讨论对方认为很重要的问题；以讽刺的口吻对来访者讲话；与来访者讨论咨询师自己感兴趣的问题，而这种讨论并不能有助于来访者问题的解决。

（三）阻抗的消除

阻抗不管是来自来访者，还是来自咨询师，都不利于咨询的进程。因此，咨询师需要了解阻抗产生的各种原因和表现形式，以便在阻抗真正出现时能及时发觉并进行处理。此外，咨询师在应付阻抗时还应注意以下几点：

（1）与来访者建立良好的咨访关系。在咨询过程中，咨询师对来访者首先要做到友爱、关注与理解，即使对方充满不情愿或敌对情绪，咨询师也要给予充分的体谅，尽可能创造良好的咨询气氛，解除来访者的顾虑。如果对方能够开诚布公地谈论自己的问题，表达自己的看法，这实际上已为咨询会谈减少了一定的阻抗。

（2）正确地进行分析。来访者的问题多种多样，有时还有伪装性和隐匿性。如果咨询师能够及时摸清对方的问题所在，并作出正确的分析和诊断，那么来访者就能信服咨询师，进而消除顾虑和犹豫。那些防御心理很强的人，可能会以各种形式表现其阻抗，或用攻击性语言，或回避问题，或沉默不语，咨询师要以真诚的态度和高超的专业技能博得对方的信任，排除会谈的阻抗。

（3）以诚恳帮助的态度对待阻抗。

（4）加强自信心，灵活对待阻抗现象。

十二、非言语交流技术

非言语交流（non-verbal communication）是指通过非语言行为或非语言信号来实行人际沟通的一种技能。在心理咨询过程中，会出现大量的非语言行为，这些非语言行为或伴随言语内容一起出现，对言语内容作补充、修正，或独立地出现，代表独立意义。非言语行为（即无声语言）能提供许多有声语言不能直接提供的信息，甚至是有声言语想要回避、隐藏、作假的内容，借助于来访者的非语言行为，咨询师可以更全面地了解来访者的心理活动。同时，咨询师也可以更好地表达自己对来访者的支持和理解。因此，正确把握非语言行为并妥善运用，是一个优秀心理咨询师的基本功。

咨询师应重视把自己的非言语行为融入到言语表达中去，渗透在咨询过程中。通过非言语行为传达的共情态度比言语更多，影响更大。因此，并非只是口头语言在参与咨询，而是整个人在参与咨询。咨询师是否能赢得来访者的信任、好感，很大程度上取决于非言语行为表达的好坏。咨询时，倘若咨询师说"我尊重你""我关心你的喜怒哀乐"，然而眼睛却东张西望，双手交叉胸前，跷着二郎腿，晃荡着椅子，这种动作、神态很难使来访者相信咨询师对他的关注。有时来访者正兴致勃勃地叙述着什么，而咨询师对叙述的东西不感兴趣或心中有事，就会有意无意地表现出不耐烦，这种信息会影响到来访者的积极性，使之觉得扫兴、失望。

1. 非言语行为在咨询中的作用

（1）加强言语。重音、手势和面部表情与言语一起出现，可使言语的意义更丰富，情绪色彩更鲜明，加强了言语的理解和表达。

（2）配合言语。非言语行为将配合言语，促进交流。例如，来访者如果想继续表达，那么他会把手停在空中，此时咨询师不应打断，而是应该继续倾听。

（3）实现反馈。咨询师对来访者做出持续的反应，如面部表情可表示同意、理解、惊讶、不满等信息，使对方感知到自己的反应。

（4）传达情感。交流者常用非言语形式表达自己对对方的喜欢、理解、尊重、信任的程度，像面部表情和声调这样的非言语暗示比言语信号影响更大。

2. 非语言交流技术的形式

作为咨询师，非言语行为也是表达共情、积极关注、尊重等的有效方式之一。非言语行为与咨询技巧（即参与性技术和影响性技术）之间指向的一致性是提高咨询效果的重要保证，不然会削弱、破坏咨询技巧的作用。因此，咨询师在咨询过程中要讲、听、看、想，缺一不可。将其协调使用、合理搭配，才能最大限度地发挥整体效能。

（1）目光注视：在传递信息的所有部位中，眼睛是最重要的，它可以传递最细微的感情。一般来说，当一方倾听另一方叙述时，目光往往直接注视着对方的双眼，但不是直盯着。而当自己在讲话时，这种视线的接触会比听对方讲话时少些，即讲者比听者更少注视对方。咨询中的目光使用很重要。咨询师是否善于利用目光参与倾听和表达，这直接影响到咨询的效果好坏。交谈时，有些咨询师眼睛注视地面或房顶，或者脸侧向一方，这会显得不礼貌，对来访者不够重视。有些则死死地盯住来访者的眼睛，这样会使其感到窘迫，甚至透不过气来。有些咨询师用目光在来访者身上扫视，甚至看其身后，可能使来访者惶惑不安。当来访者讲话时，若咨询师把目光随意移向一旁，会引起来访者的注意。来访者会从咨询师这一特定神情中看出咨询师没有认真倾听，便会产生不安、不被信任的担忧，可能会停止表达，或只做浅层次的探索。眼睛应注视来访者的哪些部位为好？一般来说，目光大体在来访者的面部为好，给对方一种舒适的、很有礼貌的感觉，并且表情要轻松自然。目光范围过小会使来访者产生压迫感，而目光范围过大则会显得太散漫、随便。目光可以表达不同的情感和意义，咨询师应恰如其分地使用。如表达安慰时，目光充满了关切；给予支持时，目光传达出力量；提供解释时，目光蕴含着智慧。

（2）面部表情：面部表情与人的内心活动，尤其是情绪息息相关，一个人内心的喜怒哀乐无不在脸上透露出来。观察一个人的非言语行为首先而且主要是集中在面部表情上，目光注视其实也是面部表情的一部分。一般不愉快或迷惑可以借助皱眉来表达，嫉妒或不信任时会将眉毛上扬。研究发现，一条眉毛扬起是传统的怀疑信号，双眉扬起是惊讶的信号，双肩下垂则是沮丧和忧伤的信号。冲突、挑战、敌对的态度用绷紧下颚的肌肉和斜眼瞪视来表示，这时嘴唇也是紧闭的，表示已摆出一种防御姿态，头和下颚常挑衅地向前推出，眉毛下垂，眉头皱起，是脸部表情中重要的一点，不同的笑可体现人不同的心情，有会心的、愉悦的、满足的、兴奋的、害羞的、不自然的、尴尬的、解嘲的等。在理解面部表情时需要注意的是，有些人体动作在某种情况下可能根本没意思，而在另一种情况下却十分有内容，但内容含义可能很不一样。比如，皱眉可以简单理解为一句话的中间停顿，在另一种情况下也可能是"心里冒火"或"讨厌"的信号，或者是思想集中的表现。如果仅仅研究皱眉或面部表情，就难以确切把握其含义，还要知道这位皱眉者在干什么，要联系其他一系列的非言语行为所表达出来的含义。

（3）身体语言：咨询师和来访者的身体、手势的运动和位置在相互沟通中起着重要作用。它们的变化往往能反映咨询状况的某种变化。

身体语言具有丰富的含义。一般低头表示陈述句的结束，抬头表示问句的结束，而较大幅度的体态改变表示相互关系的结束，表示思维过程或较长的表达的结束。人们有时借用摊开双手、解开外衣纽扣或脱掉外套，表达一种真诚、坦白。而双手交叉在胸前则常表明一种防卫，表示否定、拒绝或疏远。有些来访者很慢地、细心地把眼镜摘下来，并且小心地擦擦镜片（即使镜片根本不需要擦），这种情况常表明来访者想提出反对意见、澄清问题或提出问题之前拖延时间以便多做些思考。而有的则把眼镜摘下，嘴巴咬着一条眼镜腿，由于口中衔东西讲话不方便，因此，借此动作来注意倾听或避免说什么，一方面又可多多思考，把东西放在口里也意味着这个人需要寻找新的资料。

不同的手指手势，可能传达了一个人的焦虑、内心冲突和忧愁。小孩要恢复信心、鼓起勇气就吸吮大拇指。学生担心考试会咬指甲或咬钢笔、铅笔等。而成人遇到棘手的事情，可能会猛地拉头发。咨询中，若来访者的双手紧绞在一起或反复摆动，加之身体坐立不安，往往表明来访者情绪紧张而难以接近。这时，咨询师应设法使其放松。颇为简单的方法是在会谈时略微倾身于来访者，会使其感到被接近、被理解。面谈过程中，来访者若搓起两只手来，很可能是有所期待。例如，由于咨询师给予的理解、尊重、真诚，来访者受到感动而期望得到更多的共情或得到某种指点。若来访者移坐到了椅子的前端，踮起脚尖，很可能是来访者跃跃欲试，预示某种行为即将发生。来访者在听或讲的过程中，若握紧了拳头，则既可表示一种强调，表示郑重其事，也可表示一种决心，当然也可以是一种愤怒。咨询师应善于结合其他信息综合判断。若代表决心，咨询师应及时在言行上给予支持、鼓励。若是愤怒，则应及时查清原因，予以疏导。若来访者的身体由紧缩、僵化转为松弛自在，紧靠在一起的双腿开始分开，交叉的双手放了下来，往往是来访者内心由紧张、不安、害怕、封闭开始变得平静、轻松、开放。如果这一步骤反过来了，则表明咨询增加了来访者的紧张情绪，可能是咨询师言谈举止（包括表情等）不当或不被对方所接受，或触动了对方的敏感要害处，也可能是来访者将涉及或已经涉及自己痛苦的、隐秘的问题。这种信息对于咨询师来说具有重要的价值。

当来访者想要压抑自己强烈的感觉或情感时，往往会不自觉地采取脚踝交叠、双手抓紧的姿势，也有的人会咽口水，或咬紧牙关，或抓住手臂等,来拼命地克制自己的欲望、冲动。当来访者对咨询师说的话兴趣不大或想早点结束会谈时,他可能会在座位上反复扭动,坐立不安,让人觉得是椅子不舒服,其实并非如此。也有的人会交叉双腿,另一只脚不住地轻轻晃荡。有的则是不停地用手指敲弹桌子或椅子,或拿着纸胡乱涂鸦,有些则显得目光空洞,心不在焉,对问话没反应或答非所问。咨询师发现这种情况后,应及时调整咨询内容和方式。有时,咨询师也可能表现出这类行为,若被来访者感知,就会使他产生想法。身体动作不仅表现出来访者此时此刻的思想、情感、行为,在一定程度上,体态还反映出一个人的心理状态。以肩膀为例,耷拉着的肩膀表示内心受到压抑,耸着的肩膀和害怕心理有关,肩膀平齐说明能承担责任,弯曲的肩膀是沉重的精神负担的反映。没有任何语言比人体语言更能表达人的个性,关键就在于正确认识人体语言。

　　一个人的心理过程影响着人体行为和人体功能,人的心理僵化通过姿势和动作也僵化人的举止,一个始终感到不幸的人会终日皱眉,皱眉成了他固定的表情。一个好侵犯、好管闲事的人老是探头探脑。一个温和、慈祥的人常常面带微笑。当人情绪低落时,仅仅以挺胸和挺直腰杆的动作,就可使自己由颓丧的感觉转变为充满信心。咨询中,那些较自信的来访者往往能正视咨询师,而且正视时间较长,而缺乏自信、心中不踏实者则相反。自信的人眨眼的次数亦少,那些非言语行为尤其是代表消极意义的非言语行为亦少,因此显得是更好的听众。

　　(4)声音特质:咨询师和来访者双方的声音亦是交流信息的重要窗口。声音伴随言语产生,有第二言语的功能,它对言语起着加强或削弱的作用。如果声音所传达的信息与言语所表达的信息一致,则肯定、加强言语所传递的意思,反之则是削弱、否定的作用。

　　因此,言不由衷的讲话,既可能被身体语言所暴露,也可能被声音所揭穿。当来访者叙述某一件痛苦、忧愁的事情时,咨询师说:"我理解你的痛苦,我愿意为你分担。"然而,语气却是冷冷的、随便的、打发人似的。虽然语言表达的是关怀,而声音却是淡漠的,来访者可能更相信声音的含义而不是语言，因为语言比声音更容易作假。

声音通常包括音质、音量、音调和言语速度。人们借助于声音的轻重缓急不自觉地表达自己错综复杂的思想和感情。音调的提高表明对所谈内容的强调，也表明某种情绪，如激动、兴奋，这可以是愤怒也可以是惊喜。而音调降低也可以是一种强调，以引起听者注意，也可以表示一种怀疑、回避，可能是因为涉及敏感、痛苦、伤心的事情。声音强度增大，亦常表明一种强调，一种激动的情绪，而声音强度减小，则可能表示一种失望、不快或软弱、心虚。节奏加快表明紧张和激动，节奏变慢则有可能是因为冷漠、沮丧或正在思考是不是要表述、如何表述。一个人的个性可以透过声音外露出来。急性还是慢性、自信还是自卑、坦率还是躲闪，都能在声音中流露出来。来访者叙述、谈论自己和他人的语气，尤其是咨询过程中，声音的突然变化，都能给咨询师提供不少有用的信息。

咨询师不仅要善于辨别来访者声音变化所表达的含义，还要善于运用声音的效果来加强自己所表述内容的意义及情感。例如，作解释、指导、概述时，应尽量保持平和的语气，语速中等，给来访者稳重、自信、可靠的感觉。情感反应和情感表达时，应有与内容相吻合的情感。咨询师的语速太快太慢，声音太重太轻，音调太高太低，都是不妥当的。

此外，咨询师要善于利用声音停顿的效果。这种停顿有时是一种强调，以引起来访者的重视；有时是一种询问，以观察来访者的反应；有时则是为了给来访者提供一个思考的机会。以上这几种停顿都是为了双方进行更好的沟通，促进来访者更主动地参与会谈。而有时这种停顿则是咨询师想更清楚、更准确地表达自己的意思，或者是思维受到了干扰。

（5）空间距离：咨询时双方的空间距离也具有非言语行为的特征。每个人都拥有一个自己的空间，以保持自己的独立、安全和隐私的需要。如果他人不适宜地闯入，就可能引起不满、愤怒、反抗。咨询师与来访者间亦是如此，双方距离是彼此关系的反映。

一般来说，在心理咨询室里，座位可能相对固定，双方按各自位置就座即可。但座位的布置则应坚持有助于咨访关系建立、彼此感到适宜的原则，距离以1米左右为好。有些人喜欢面对面交谈，觉得这样有更多的目光和面部表情交流，言语沟通比较直接。在咨询室中，最好是成直角或钝角而坐，这样可以避免太多的目光接触所带来的压力。

若在室外，双方的距离常因环境而异，若是比较空旷的场地，相互距离会大于处在公共场所中的距离，后者会因人群的密度高以及噪音大而缩小了彼此的距离以使交谈容易进行。

不仅因地而异，双方距离其实也因人、因时、因事而异。例如，一般来说，若双方同性别时，其间的距离会小于异性间的空间距离，而且两个女性间的距离会小于两个男性间的距离；青年或成年男性咨询师在面对年轻的女性来访者时距离会大于面对儿童、少年时的距离；有些敏感、防御性强的来访者希望距离大些；有些希望寻求依靠、帮助的来访者则希望距离小些，以得到一种安慰。

咨询的不同阶段，其间的距离也会变化。一般来说，初次见面，彼此不了解，间距会大些；随着咨访关系的建立，间距会小些；若来访者对咨询师不那么信任，或对效果不那么满意，来访者会自觉不自觉地加大彼此的间隔。另外，适当地缩短距离是一种希望加强关系的表示，若使用得当，有助于咨询。但无论如何，咨询师不可忘记彼此间是咨访关系，而不是一般的朋友关系。

如果面对的是危机咨询或寻求感情支持的来访者，则缩短距离可以最大限度地表示咨询师的关切，咨询师微微前倾的身姿能使来访者感到咨询师愿意接纳他、帮助他。

（6）衣着及步态：衣着也可以视为非言语交流的一部分，因为衣饰能反映一个人的个性、经济地位、文化修养、审美情趣等，尤其是较能体现出来访者来访时的某种心情。比如，一位大学生穿着一件好些天没洗的衣服，皱巴巴而且衣扣不整，这或许可以反映出该来访者心中的困扰已经干扰了他的正常生活，致使他没有时间和精力去料理自己的生活，而且他对此也不在乎。或者反映了他的一贯生活风格，即随随便便，缺乏料理自己、管理自己的能力。这样的人在集体生活中可能被一些人看不惯，因而可能会发生矛盾。

　　衣着，与其说提供了一种真实的信息，不如说提供了一系列有可能性的信息。但这类信息是有参考价值的，它可以为咨询师对来访者做综合判断提供一种素材，有经验的咨询师往往能借助来访者的某一点做出一系列有价值的判断。同样，来访者的步姿、动作、神情对于咨询师把握来访者亦是有价值的。那些垂头丧气、痛苦不堪的来访者从他们进门的一刹那就暴露无遗。一位来访者进门之后又退出去，之后又进来，可进来后又出去，这样反复了五六次之后，才坐下来。这个人进门的举动很可能存在强迫症状。有些来访者见到咨询师后手足无措、站立不安、支支吾吾、脸涨得通红，反映了其内心的紧张不安。这样的来访者可能出现人际交往上的困难，给人以缺乏自信、胆小害怕的感觉，也可能面临难以自我调节的冲突和紧张情绪。

　　一个人的个性、心理健康状况以及当时的情绪，往往可以通过人的一言一行、一举一动表现出来，咨询师只要善于观察，往往就能真正了解来访者内心的活动，这对于咨询非常重要。

十三、询问技术

　　询问（asking）是指咨询师运用各种提问方式，获取、核实信息，并促使会谈向正确的方向进行的过程。询问并不是单纯地问，而是一种以问促答、问答并进的互动过程；不仅是为了获取信息，也是交流感情、创设咨询气氛和发展咨访关系的过程。询问技术包括封闭式询问（close-ended question）技术与开放式询问（open-ended question）技术。选择使用好询问技术，有助于心理咨询师收集资料、澄清事实、获取重点、缩小讨论范围。

　　封闭式询问是可以用"是"或者"不是""有"或者"没有""对"或者"不对"等简单词语来回答的提问，很像法庭的法官对被告的询问。

　　"你当时脑子一片空白，考前所记的东西全忘了，是不是？"

　　"你现在心情好吗？"

　　开放式询问是以"什么""怎样""为什么""能不能""愿不愿意"等形

式来提出的提问，让来访者就有关问题、思想、情感给予详细说明。它没有固定的答案，允许来访者自由地发表意见，从而带来较多的信息。

"你认为他对你很好的原因是什么？"

"你能不能告诉我你当时的感受？"

"你为什么要自责呢？"

询问技术在使用中，不同的用词可导致不同的询问结果："什么"的询问往往能获得一些事实、资料；"如何"的询问往往牵涉到某一件事的过程、次序或情绪性的事物；"为什么"的询问可引出一些对原因的探讨，得到较为具体的解释与回答；"愿不愿""能不能"起始的询问，可以促使来访者做自我剖析。

询问在使用的时候需要注意："慎提"敏感性话题；提问服从于咨询目标；多用开放式提问，少用封闭式提问；使用"轻微鼓励"；不要"连珠炮"式询问；开放性的问题要慎用"为什么"；善于运用积极性提问；避免判断性提问；适当的时机提问；不要直接逼问，"您有什么问题，说吧！""您找我们有什么事，说吧！""怎么了？有什么问题，说吧！""出什么事了，说吧！"

询问是在了解情况，帮助来访者宣泄情感、认识自己，也是在表达咨询师对来访者的态度，引导谈话的方向。如何询问是一种技术，怎样才能使用到位，是咨询师需要反复体会和实践的基本功。

十四、倾听技术

倾听一词的英文是attending，有参与、专注、注意之意，译成汉语"倾听"虽比较贴近原意，但易误解为聆听（listening），倾听不仅是为了明了情况，也是为了建立咨访关系，同时还有助人效果。倾听是咨询过程的基础，是一个主动引导、积极思考、澄清问题、建立关系、参与帮助的过程。

倾听是心理咨询的第一步，它是建立良好的咨访关系的基本要求。倾听既是表达对来访者的尊重,也是为了充分地了解情况。倾听,不仅要用心去听,还要有行为参与,有适当的反应。

(一)倾听技术的类型

1. 身体倾听和心理倾听

身体倾听是指在咨询过程中,咨询师的全身姿势传递出他对来访者的关切,愿意聆听与陪伴。咨询师身体的专注与倾听包括如下五个基本的要素,简称为SOLER。

(1)面对来访者(squarely)。咨询师与来访者坐在茶几两旁,呈90°角。借助茶几的缓冲,给来访者安全的人际空间。来访者有前攻后退的足够空间,才会愿意敞开心怀。

(2)身体姿势开放(open)。代表无条件的包容与接纳,消除来访者的焦虑、不安。此外,咨询师开放的身体姿势会带动来访者身体与心理的开放。咨询师的身体若萎缩封闭,就会让来访者慌乱、退缩而无力。

(3)身体稍微倾向来访者(lean)。这种姿势传递出咨询师对来访者的关心,让来访者感动之余愿意开放自己,剖析内在。如果咨询师身体后仰,紧贴椅背,会散发出对来访者的冷漠与傲气,扼杀来访者的勇气,使来访者因气馁、心生畏惧而无力再谈。

(4)良好的目光接触(eye)。咨询师与来访者的眼神接触,传达出他对来访者的重视。来访者感受到咨询师散发的温暖与支持,就会有勇气,愿意勇敢地面对任何问题。如果咨询师的眼光闪烁不定,就会让来访者的眼神无法凝聚,心思涣散,会觉得咨询师虽身与自己同在,但心另有所属。

(5)身体放松(relaxed)。咨询师放松的身体姿势传达出其心境平静,来访者受到咨询师这种姿态的感染,自然能够放松。如果咨询师表现得很紧张,紧握拳头,双眉紧锁,将会使来访者更加紧张。

心理倾听是指咨询师不仅倾听来访者的语言内容,而且也注意来访者语言叙述中语调的抑扬顿挫、声音的高低强弱,以及伴随来访者的非语言行为。非语言行为蕴藏的信息,往往比语言行为来得丰富、真实。

语言行为是来访者可以觉察的习惯模式，非语言行为则是来访者没有觉察的习惯模式。可以觉察的习惯模式是一种任由来访者操控的适应性反应，让人舒服但带有虚假成分；没有觉察的习惯模式无法由来访者操控，虽毫无修饰、令人难堪但真实自然，是来访者内在的真实声音和真实告白。有些来访者心口不一，在谈到对某事的感受时反复强调自己一点儿也不生气，却满脸通红、拳头紧握，一副要打架的姿势；有些来访者语言高昂有力，身体却后退萎缩。咨询师在聆听来访者的叙述时，要仔细观察来访者的身体动作，才能真正看透来访者的内心世界，设身处地，感同身受，让来访者感动于咨询师的理解与陪伴，自愿地卸下面具，呈现本来的面目，倾吐心声。

2. 非选择性倾听和选择性倾听

非选择性倾听意味着咨询师对会谈内容很少发挥影响，而是让来访者掌握主动权，给来访者充分的时间述说，咨询师给予注意并作出反应，其目的是鼓励和激发来访者自由地述说，以便最终搞清他的问题是什么。主要适用于尚不清楚来访者问题的咨询阶段。

选择性倾听是指咨询师从来访者述说的内容中选择他认为重要的方面。选择性倾听以非选择性倾听为前提和基础。由于咨询师拥有巨大的潜在影响力，即使是非选择性倾听反应也可以用来指导和引导来访者谈出特定信息。非选择性倾听成为选择性倾听有两个重要原因：第一，咨询师可能在讨论某些问题时会有意或无意地更加关注来访者所谈的某一方面；第二，来访者在咨询中谈论的内容相当广泛，咨询师不可能对每一话题都给予同样的关注，一些选择是必要的。

（二）倾听的意义

1. 治疗的作用

倾听能够引导来访者讲出自己的故事，这种倾诉本身具有宣泄作用，因而它具有治疗功能。在来访者讲述自己的故事、叙述自己的经历和现在的体验的过程中，他们能够建构自己的身份地位，并为自己的生活赋予意义和目的。好的咨询师倾听他们的故事，以便帮助来访者认识到这些故事所包含的意义，解释这些故事对于他们自我发展的促进或妨碍作用。讲述故事能让曾经遭受过精神创伤的来访者舒缓情绪，无论这些来访者是年轻人还是老年人。当来访者的故事中包含了背后隐藏着的"困难"或"羞耻"时，倾听的治疗作用会更加明显。

2．帮助建立良好咨访关系

咨询师全神贯注地倾听，表现出对来访者话题的兴趣，来访者感到被了解、被重视和被关心，获得了自尊，就会对咨询师产生良好的第一印象，愿意与咨询师建立良好咨访关系。

3．了解问题

咨询师通过倾听了解来访者的心理问题及其根源，同来访者一起找到解决问题的办法，因此倾听是了解问题的主要途径，是解决问题的第一步。通过耐心倾听，咨询师才能在咨询后期有较大的机会给来访者正确的判断和干预。没有倾听作基础，会忽略了根本的问题，或提出不恰当的建议、做出时机不对的咨询行为。

4．提供自我成长的机会

来访者之所以来咨询往往都是因为被问题所困，不知怎么解决，不但心智混乱，而且对自己失去信心，不能接纳别人，甚至不能接纳自己、不敢面对自己。倾听给来访者一个整理自己思绪的机会，帮助来访者理清自己的问题所在。咨询师的倾听能把关切和重视传递给来访者，增强来访者的力量和信心，使他有勇气去面对困难、面对自己。良好的倾听也为来访者提供了正确处理人际关系的示范。通过亲身感受后，来访者学会了倾听的艺术，改善了自身的人际关系。

（三）倾听的技巧

1．良好的态度和习惯

实际上，咨询师倾听的态度和习惯比具体技巧更重要。因为我们许多人在社会生活中养成了愿意"说"而不愿意"听"，习惯"说"而不习惯

"听"的倾向。人们"听话"的能力比"说话"的能力要差。造成这种情况有以下几种原因：①人们容易带着评判倾向来听，他们注意对方所说的与自己的价值观或看法是否一致，以此来把对方分成潜在的朋友或外人。这对于平时的人际关系或许是有意义的，但这种主观倾向很强的"听"的习惯在咨询中就会有妨碍作用，使咨询师带着偏见进入来访者的世界；②真正的倾听是一件相当耗精力的事，需要全神贯注，不能分心走神；③有时说者的话中含有激起情绪反应或引发联想的作用，容易使听者对说者的内容分心；④由于信息传递中"噪音"的影响，导致错听、错解。以上种种情况需要咨询者高度重视，尽可能避免，在实践中养成良好的听的态度和习惯。

2. 设身处地地感受

咨询师不但要听懂来访者通过言语所表达出来的东西，还要听出弦外之音，听出来访者在交谈中所省略的和没有表达出来的内容。比如，在中国文化背景下，性是许多人极为敏感的问题，来访者常常只谈些皮毛或打"擦边球"，有时他们希望咨询者能听出问题，主动地向他们询问。有时来访者说的和实际并不一致，或者避重就轻，自觉和不自觉地回避更本质性的问题。有的来访者会拼命地说他一点儿烦恼都没有，也没什么大问题，而事实上可能是准备向咨询师倾诉他内心认为很重要的问题。有时来访者所谈的很多事情咨询师未曾切身经历过，这时需要咨询者尽量设想其处境，切身体会，才能了解来访者所经历的心理反应与体验，才能知道如何帮助他脱离困境。

3. 察其言观其行

正确的倾听要求咨询师深入到来访者的烦恼中去，细心地观察分析来访者所言所行，注意对方如何表达自己的问题，如何谈论自己及自己与他人的关系，以及如何对遇到的问题作出反应。还要注意来访者在叙述时的犹豫停顿、语调变化及伴随言语出现的各种表情、姿势、动作等，从而对言语作出更完整的判断。例如，来访者说自己原谅了妻子的过错，可是说的时候情绪是激动的，表情是生气的，拳头是紧握的。咨询师从这些非言语线索中可以判断来访者实际上并没有真正原谅妻子的过错。

4．适当地参与和反应

在咨询过程中，咨询师可采用的倾听反应有以下五种：

（1）鼓励。咨询师运用言语或非言语的方式使来访者介绍更多信息。此技巧包括点头、张开手，运用像"嗯哼"等肯定性短语，以及重复来访者话中的关键词等。复述是更深一层的鼓励方式，是指准确地重复来访者使用的两个或更多词。此外，适当的微笑和关心是两种主要的鼓励手段，能使来访者在会谈中感觉更轻松，从而更能表达自己。许多研究者已经发现，微笑"很有用"，它是表达热情和开朗的基本方式。

（2）澄清。它是在来访者发出模棱两可的信息后向来访者提出问题的反应。它开始于"你的意思是……"或"你是说……"这样的问句，然后重复来访者先前的信息，目的是鼓励来访者更详细地叙述，检查咨询者所听到内容的准确性。

（3）释义。咨询师将来访者信息中与情境、事件、人物和想法有关的内容进行重新解释，目的是帮助来访者注意自己信息的内容。

（4）情感反映。它是指对来访者的感受或来访者信息中的情感内容重新加以解释，目的是鼓励来访者更多地倾诉他的感受，帮助来访者意识到自己的情感，帮助来访者认识和管理情绪。

（5）归纳总结。它是将信息的不同内容或多个不同信息联系起来，并重新编排，目的是把来访者信息的多个元素连接在一起，确定一个共同的主题或模式，清除多余的陈述，回顾整个过程。

（四）倾听技术使用注意事项

不耐心倾听，过早下判断、做解释、提忠告和不恰当的赞扬与道德谴责，是导致咨询失败的主要原因。夸夸其谈的说教式咨询不可能获得成功。初学者往往不重视倾听，不愿意倾听，常常犯一些错误，主要表现为以下几个方面：

（1）急于下结论：初学者往往没有耐心充分地倾听，常会有迫使自己解决问题、发现问题的倾向。因为太想帮助来访者,以至初学者会向来访者提出大量的问题以便找到一个快捷的解决办法。他们通常试图在会谈开始5分钟之内解决来访者的问题,这会将咨询会谈引入歧途,弄错来访者的主要问题。来访者在最应当得到理解的地方被人误解了,最终只能结束咨访关系。

(2)轻视问题:初学者在听到来访者谈到一个问题时产生类似经验的联想("这个问题我以前遇到过"),并按照自己的既定思路去询问、推测和过早无根据地作出解释。

(3)转移话题:初学者进行倾听时,实际更多的是关注自己。经常会出现以下情况:在咨询过程中过多无关动作等"噪音"对来访者产生干扰,或不耐心听来访者述说而谈自己感兴趣的话题,或通过提问了解咨询师自己感兴趣的内容,转移来访者的话题。

(4)过多的价值判断:不成熟的咨询师会对来访者的行为作过多的价值判断。如"你这样是不对的""你就应该这样"等,不仅是倾听的忌讳,而且也是咨询的大忌。

(5)运用不适当的咨询技巧:初学者在咨询中常会运用一些不适当的技巧,如询问过多、概述过多等。因此,倾听过程的参与技巧是"可问可不问时,不问;可说可不说时,不说"。

十五、自我表露技术

自我表露(self-disclosure)最早是由美国人本主义心理学家西尼·朱拉德(Sidney Jourard)在1958年提出来的,指心理咨询师表达自己的情感、思想、经验,与来访者共同分担。它是内容表达技术与情感表达技术的一种特殊结合。

一般认为自我表露这一概念包含三个方面:第一,朱拉德在1968年提出自我表露不仅是向对方呈现真实自我,而且是人们表达亲密和爱的方式。克莱因也认为自我表露是一种信息传递行为或事件,所以自我表露是一种行为事件;第二,朱拉德在1971年提出自我表露是健康人格的前提和表现。克莱因认为自我表露是个体的一种意愿或能力,被认为是稳定的个体或关系特质;第三,欧文·亚龙在1985年提出,自我表露是一种人际交互过程,在这个过程中重要的不是表露给对方什么,而是在这个关系情境下进行表露,更重要的是表露会使与他人的关系变得更丰富、深入和复杂。

自我表露其实是一个交互过程,具有以下特点:①自我表露不是单独的过程,而是相互、持续的循环过程;②情境性,情境会影响自我表露的过程;③自我表露过程中的所有成分相互依赖、相互影响。

自我表露的使用时机:自我表露技术适用于咨询师与来访者已有良好的咨访关系时,同时咨询师确信表露自己的类似经验,有助于来访者的问题解决。

自我表露技术使用时需要注意:①咨询师使用自我表露技术时,须避免自己成为咨询中的主角,避免让咨询的重心转移到自己身上;②咨询师自我表露的次数须适当,避免过度频繁,免得让咨询的重心转移至咨询师身上;③咨询师自我表露的内容、长度、深度须适当,应与来访者的问题相当;④咨询师不可运用自我表露的机会,批评来访者对问题的感觉、想法与行为反应;⑤在未深入探讨来访者问题之前,避免因为咨询师的自我表露,让来访者模仿咨询师的解决方式;⑥咨询师的自我表露应该协助来访者注意到问题的关键所在,以及来访者可以运用的资源。

十六、内容表达技术

内容表达技术就是心理咨询师传递信息、提出建议、提供忠告、给予保证、进行褒贬和反馈等。在心理咨询过程中,各项影响技术都属于内容表达,都是通过内容表达技术起作用。广而言之,指导、解释、自我开放、影响性概述等都是一种内容表达。内容表达技术与内容反应技术不同,前者是咨询师表达自己的意见,而后者则是咨询师反应来访者的叙述。虽然内容反应中也含有咨询师所施加的影响,但比起内容表达来,则要显得隐蔽、间接、薄弱得多。来访者中心学派多用内容反应,而希望直接施加影响、表达自己观点的咨询师则多喜欢内容表达。

反馈是一种内容表达,反映咨询师对来访者的种种看法,借此可使来访者了解自己的状况,也可从来访者的言语和非言语反应中得知自己的反馈是否正确,从而相应地做出调整。提出忠告和建议也是内容表达的一种形式,但应注意措辞要和缓、尊重,比如"我希望你能改变对……的看法""如果你能用积极、合理、有效的行为模式解决你的困扰,或许比你现在所做的要好",而切不可用"你必须……""你一定要……""只有……才能……"。否则,来访者可能产生不愉快的感觉,感觉是被咨询师教育。同时,咨询师应该知道自己的忠告和意见只是解决问题的方式之一,不一定是唯一正确、必须实行的,否则会影响咨访关系。

十七、情感表达技术

情感表达技术就是心理咨询师把自己的情绪、情感活动状况告诉来访者,让其明了。情感表达技术表达的是心理咨询师的喜怒哀乐,而情感内容技术反映的是来访者的情感内容。

咨询师做出情感表达,其目的是为来访者服务的,而不是为作反应而反应,或者为了自己的表达、宣泄。因此其所表达的内容、方式应有助于咨询的进行。咨询师的情感表达既可以针对来访者,如:"看到你经过四次咨询,已经找到了自己的问题所在,而且已经发生了明显的改变,我为你的改变感到高兴。"此时咨询师明显地通过情感表达对来访者进行鼓励。有时情感表达也可以是针对咨询师自己的,例如:"如果我能够以全市第一的成绩考上大学,我也会非常高兴。"但是,咨询师应该注意,一般只对来访者做正性情感表达,如:"我很欣慰你做出了积极的选择",而不能做负性情绪的表达,例如:"你虽然明白了自己的问题所在,但经过五次咨询,你没有主动解决问题,我很生气。"这样的情感表达只能阻碍而不是促进咨询。当然，为表达共情时的负性情感表达除外，如："听到你如此惨痛的遭遇，我也为你感到难过。"咨询师通过情感表达，理解了来访者，表现出共情。正确使用情感表达，既能体现对来访者设身处地的理解，又能传达自己的感受，使来访者感受到一个活生生的咨询师形象，也了解了咨询师的人生观。同时，咨询师的这种开放的情绪分担方式为来访者做出了示范，容易促进来访者的自我表达。

十八、面质技术

面质（confrontation）技术是指心理咨询师指出来访者存在的矛盾的技术。面质的目的在于协助来访者促进对自己的感受、信念、行为及所处境况的深入了解等。

1. 来访者的常见矛盾

（1）言行不一致。来访者言行不一致，由此产生痛苦。来访者说："我知道吸烟有害健康，我真想戒烟。"可是却点燃了一支烟。

（2）理想与现实不一致。来访者说："最近很忙，很累，很想找个地方，关上手机，踏实睡上一觉。"来访者的理想是踏实睡一觉，但是因学习生活繁忙不能实现，内心动机造成理想与现实不一致，产生苦恼。

（3）前后语言的不一致。来访者可能在叙述时前后不一致，如：前面讲到要度假，后面又讲到利用假期好好学习，在时间安排上出现了冲突。

（4）咨访双方意见不一致。咨询过程中可能会出现咨询师对来访者的评价与来访者的自我评价不一致，或咨询师的判断与来访者的陈述存在矛盾的情况。

2. 面质的目的

（1）协助来访者促进对自己的感受、信念、行为及所处境况的深入了解。

（2）激励来访者放下自己有意无意的防卫心理、掩饰心理来面对自己、面对现实，并由此产生富有建设性的活动。

（3）促进来访者实现言语和行为的统一、理想自我与现实自我的一致。

(4) 使进来访者明确自己所具有而又被自己掩盖的能力、优势，即自己的资源，并加以利用。

(5) 通过咨询师的面质给来访者树立学习、模仿面质的榜样，以便将来自己有能力去对他人或者自己作面质，而这是来访者心理成长的重要部分，也是健康人生所需学习的课题。

3. 面质的注意事项

(1) 以事实根据为前提。在使用面质技术时，一定以了解到的事实为前提，只有在矛盾的事实存在时才可以使用这种技术。

(2) 避免个人发泄。面质的目的是促进来访者统一，促进其成长，所以应当以来访者的利益为重，不可将面质作为咨询师发泄情绪乃至攻击对方的工具或者理由。

(3) 避免无情攻击。有些咨询师不是在诚恳、理解、关怀的基础上应用面质，而是把面质当作展现自己智慧和能力的机会，没有考虑到来访者的感情，一味地使用面质，致使来访者陷入尴尬的境地。

(4) 要以良好的咨询关系为基础。面质所涉及的问题，对于来访者来说可能有应激性，可能会导致危机出现，咨询师的尊重、温暖、真诚是非常重要的，良好的咨询关系会给来访者以心理支持，而充满理解和真诚的面质会减轻有害或者危险成分。

(5) 可用尝试性面质。一般来说，在良好的咨询关系没有建立起来之前，应尽量避免使用面质，如果不得不用，可用尝试性面质，如果来访者在面对面质时故意避开，这时就不要继续问下去，以免产生难堪和恐慌。

十九、指导技术

指导就是心理咨询师直接指示来访者做某件事、说某些话或以某种方式行动。指导技术是影响力最明显的一种技术。心理分析学派常指导来访者进行自由联想以寻找问题的根源。行为主义学派常指导来访者做各种训练，如系统脱敏法、满灌疗法、放松训练、自信训练等。人本主义中的完形学派习惯于做角色扮演指导，使来访者体验不同角色下的思想、情感、行为。理性情绪学派针对来访者的各种不合理信念予以指导，用合理的观念代替不合理的观念。

使用指导性技术时，咨询师应十分明确自己对来访者指导些什么以及效果怎样，叙述应清楚，要让来访者真正理解指导的内容。同时，不能以权威的身份出现，强迫来访者执行，若来访者不理解、不接受，效果就差，甚至无效，还会引起反感。指导时的言语和非言语行为都会同时对来访者产生影响。

二十、团体咨询技术

团体咨询（group counseling）是指在团体情境中提供心理帮助与指导的一种心理咨询形式，它是通过团体内人际交互作用，促使个体在交往中通过观察、学习、体验，认识自我、探讨自我、接纳自我，调整和改善与他人的关系，学习新的态度与行为方式，以发展良好的适应能力的助人过程。

第四章 心理健康与心理卫生

一、心理健康的标准

心理健康的人都能够善待自己,善待他人,适应环境,情绪正常,人格和谐。心理健康的人并非没有痛苦和烦恼,而是他们能适时地从痛苦和烦恼中解脱出来,积极地寻求改变不利现状的新途径。他们能够深切领悟人生冲突的严峻性和不可回避性,也能深刻体察人性的阴阳善恶。他们是那些能够自由、适度地表达、展现自己个性的人,并且和环境和谐地相处。他们善于不断地学习,利用各种资源,不断地充实自己。他们也会享受美好人生,同时也明白知足常乐的道理。他们不会去钻牛角尖,而是善于从不同角度看待问题。心理健康的人都拥有一个美好的生活。

心理学家认为,人的心理健康包括以下七个方面:智力正常、情绪健康、意志健全、行为协调、人际关系适应、反应适度、心理特点符合年龄。了解什么是心理健康,对于增强与维护人们的整体健康水平有重要意义。大学生掌握了健康标准,要以此为依据对照自己,进行心理健康的自我诊断。发现自己的心理状况某个或某几个方面与心理健康标准有一定距离,就有针对性地加强心理锻炼,以期达到心理健康水平。如果发现自己的心理状态严重地偏离心理健康标准,就要及时地寻求帮助,以便早期诊断与早期治疗。

简单来说,大学生的心理健康标准包括下面几点:

1. 能正确认识自我

一个心理健康的大学生能对自己的能力、性格和优缺点做出恰当的客观评价，使理想目标与实际情况相匹配。即使在最困难的条件下，也能理智地对待自我，使自己的心理状态在运动中达到平衡。

我们如何做到正确地认识自己呢？

第一，通过自我观察认识自己。我们对自己各种身心状态和人际关系等的认识，即生理自我、心理自我和社会自我。如自己的身高、外貌、体态、性格、自己与他人的关系等方面的认识。在自我认识过程中伴随着情感体验，如由身高、外貌等引发的自豪、自信或自卑情绪情感。以及在自我认识、自我情感体验过程中，我们是否有目的、自觉地调节和控制我们的行为和想法。我们要善于剖析自我，深刻认识自我，更好地认识外在形象和内在自我。

第二，通过他人评价认识自己。我们都知道"旁观者清""以人为镜可以明得失"，在认识自己的过程中，我们要主动向他人了解自己。我们要虚心听取他人的评价，同时又要客观、冷静地分析他人的评价，以便我们从多角度来认识自己。

第三，通过社会比较认识自己。自我观察和他人评价难免会有各自的主观投射，因此，我们可以通过合理的社会比较更好地认识自己。我们将现在的自己与过去、未来的自己进行纵向比较，与同龄人或者有类似条件的人进行横向比较，通过更全面的纵横社会比较来正确认识自己。

第四，通过社会实践认识自己。我们可以通过参加各种活动，根据各种活动过程与结果来认识自己。通过与他人的合作分析自己的人际沟通能力，通过组织开展活动来分析自己的组织管理能力，通过读书活动，发现自己的知识掌握程度，及时地查漏补缺等。通过具体的活动分析自己的表现及成果，更加客观地认识自己。

第五，通过反思总结认识自己。在以上四个步骤中，我们都是在发现和认识自己，很多人也的确是那么做的，但还是不太清楚自己是一个什么样的人，所以，我们还需要经常反思和总结自己。多写日记多记录自己，及时归纳和善于总结自己的优点与不足，更好地把握生理自我、心理自我和社会自我。

2. 保持和谐的人际关系

一个心理健康的大学生往往乐于与人交往，不仅能保持自我，而且能接受他人，能认识到他人存在的重要性和作用，同时也能被其他同学所理解和接受，与其他同学较好的沟通和交往，使人际关系达到和谐的状态。

进入大学，大家所面对的都是来自五湖四海的伙伴，有幸能够聚到一起生活和学习，实在是挺让人感到幸福和有趣的。不过由于每个人的性情不一样，生活习俗等也各有不同，所以相处起来就需要同学们自己做好相应地调整，恰当地处理好人际关系。那么，大学生该如何处理好人际关系呢？

第一，应当提高自己的心理素质。有的大学生比较缺乏情感交往方面的经验，对跟同学的交往存在胆怯、羞涩甚至自卑的情况，此时的他们需要提升自己的心理素质，多敞开自己，学习跟人打交道，用一种积极的心态去跟同学一起玩笑、打闹、学习等，这样才有利于他们很好地建立良性的同学关系。

第二，要懂得运用好一些实用的交际技巧。比如学会同学之间换位思考。如果在面对一些问题时，我们能够设身处地地为同学思考一下，看看我们站在对方的位置上时，大概会怎么处理这些问题。此时，我们就能理解别人在面对和解决问题时所作出的举动了。这样我们跟同学相处，即便性情不一样，解决问题的方式也有差异，但是我们也能够尽量将问题的处理变得简单化，从而更利于我们发展人际关系。

第三，经常真心实意地赞美同学。适度地去赞扬你身边的同学，表现出你的赞赏和善意，能够增进彼此之间的吸引力。尤其是一些平日里比较害羞的同学，如果你主动跟其交往，并认真赞美他在某一方面的才华、能力、个性特征等，这会让他尽快认同你，并乐意与你交往。

第四，经常微笑着跟同学道谢。微笑是最好的武器，它是人与人之间关系构建的最好桥梁。另外，发自内心的道谢能够让人觉得你很有教养，而且也乐于多花时间来跟你相处。所以，不管是大事小事，只要是同学对你伸出了援助之手，你都不应当吝啬你真挚而友爱的谢意，让彼此之间感受这闪烁的人性光辉，利于同学关系的进一步发展。

第五，主动跟同学交往。大学生不要露怯，要积极丰富自己的人际关系世界，当你积极主动地与同学交往时，你会发现别的同学跟他人交往可能也会比较缺乏自信，所以你并不逊色于任何人，你应当比别的同学做得更好一些，更主动地拉近彼此之间的关系。这样，一旦同学之间有误会和矛盾时，也能够主动解释清楚，消除两人间的误解，重新建立起友好的同学关系。

第六，要乐于帮助他人。一个乐于助人的人，身上总是能够散发很明显的人性光辉。如果你能够经常去帮助有需要的同学，不管是"雪中送炭"，还是"锦上添花"，这些都是你对同学的情谊证明，都能够很好地促进你们之间的人际关系建立起来。所以，举手之劳也好，努力去帮同学解决问题也罢，都是比较好的建立人际关系的办法。

3. 有良好的适应能力

大学生对自然环境和社会环境应该具有较强的适应能力，不仅能面对现实和接受现实，而且能进一步地改造现实，而不是逃避现实。

在大学生活中，大学生可以着重在生活自理能力、良好生活习惯和合理安排课余时间这几方面来培养自己的适应能力。

（1）培养生活自理能力。上大学后，生活环境有了很大的变化，没有了父母、长辈每日的悉心照料，许多事情需要独自处理，真正的独立生活开始了。从离不开父母的家庭生活到事事完全自理的大学生活，一切都要从头学起。从某种意义上说，这是一种真正的生活独立性的训练。高中生的大部分时间和精力都用在学习上，生活上的事情绝大多数由父母包办打理，从做饭、洗衣服到理发，有的家长甚至每天给孩子收拾床被、打洗脸水等。进入大学，首先应学会日常生活的打理。要学会准时起床、运动，学会自己料理床铺，收拾房间，学会自己洗衣服，缝补衣服，学会自己照料自己……在学习的过程中，如果能够和同学进行交流就更好了，因为同学间的互相影响和互相学习能够在一定程度上促进生活自理能力的提高。

独立生活的另外一个重要方面是对钱财的管理。大学生一般都没有太多"理财"的经验。由于家长一般每月或每几个月给一次生活费,大学生就要自己独立计划如何进行消费。计划不当甚至没有计划的学生常常在最初的时间里大手大脚,把后面的伙食费提前花掉。赶时髦、讲排场的社会风气对大学新生也有相当的影响,往往娱乐一次的开支就花掉生活费的一大半,加上平时的伙食费,每个月的生活费就所剩无几了。因此,大学生要学会理财,要注意考虑:在生活中,哪些开支是必须的,哪些开支是完全不必要的,哪些是可有可无的。钱要花在刀刃上,要避免完全不必要的消费,可花可不花的尽量少花。此外,还要根据父母的经济能力和自己勤工俭学的能力来进行日常消费。有了这些基本情况的分析,再确定自己每个月的消费计划,使之切实可行。并且要尽量按照计划执行,多余的钱可以存入银行,以备急需时使用。

(2)培养良好的生活习惯。生活习惯代表着个人的生活方式。良好的生活习惯不仅能促进个人的身心健康,而且也能对人的未来发展有间接的作用。大学生精力旺盛,又处于长身体、长知识的阶段,良好的生活习惯是确保顺利、成功度过大学阶段的一个重要基础。为了达到身心健康的目的,从一进大学起,就该切实重视这个问题,培养良好的生活习惯,并防止不良生活习惯的形成。

第一,要合理地安排作息时间,形成良好的作息制度。因为有规律的生活能使大脑和神经系统的兴奋和抑制交替进行,天长日久,能在大脑皮层上形成动力定型,这对促进身心健康是非常有利的。大学生应养成早睡早起的习惯,有的同学习惯在晚上卧谈,天马行空地一谈就是两三个小时,结果第二天上课的时候非常疲惫,根本无心听课。长期如此,不仅影响平时的课业学习,还容易引起失眠,甚至引发一定的心理困扰。研究表明,大学生的睡眠时间一般每天不得少于7个小时。如果条件许可,午饭后可以小睡一会儿,但最好不要超过40分钟。

第二,要进行适当的体育锻炼和文娱活动。"文武之道,一张一弛",学习之余参加一些文体活动,不但可以缓解刻板紧张的生活,还可以放松心情、增加生活乐趣,反而有助于提高学习效率。

（3）合理安排课余时间。大学校园的课余生活丰富多彩。除了日常的教学活动之外，还有各种各样的讲座、讨论会、学术报告、文娱活动、社团活动、公关活动等。这些活动对于大学生来说，的确是令人眼花缭乱，对于如何安排课余时间，大学生常常心中没谱。如果完全按照兴趣，随意性太大，很难有效地利用高校有利的环境和资源。

要合理地安排课余时间，首先对自己在近期内的活动有一个理智的分析。看看自己近期内要达到哪些目标，长远目标是什么，自己最迫切需要的是什么，各种活动对自己发展的意义又有多大等。然后做出最好的时间安排，并且在执行计划中不断地修正和完善。

另外，最好能专门制订一份休闲计划，对一些较重大的节假日和休闲项目做出妥当的安排，这样能使你的休闲和学习有条不紊地交叉进行，使身心得到有效的放松和调适。而且，你一旦制订出了既愉快又切实可行的休闲计划，那么在这一时间尚未到来之前，你的心情会是愉快而充实的，能精神振奋地投入学习和工作之中。

还有，要留出足够的时间来进行体育锻炼，最好能根据自己的身体状况和客观条件制订出一个体育锻炼计划，务必拥有一个健康强壮的身体。要知道，身体是从事一切活动的"本钱"，也是一个人心理健康的基础。

大学生要善于利用课余时间，开展一些有益的文娱活动，如唱歌、跳舞、下棋等；尽量培养自己的多种兴趣爱好，如集邮、剪贴、垂钓等，这样可以增添你的生活情趣，使生活充实丰富、生机勃勃。若能够拥有一项或多项自己有兴趣而又擅长的爱好，那是再好不过的了。有些同学能写得一手好书法，或制得出精妙的手工艺品，或打得一手好乒乓球，这无疑会给他们的人生增添无穷的乐趣，也有利于建立自信心，增强社会适应能力。

大学生还可以利用课余时间阅读一些自己喜欢的书籍报刊。以读书为乐事，既可以排遣烦忧，愉悦性情，又可以获取知识，增长智慧，对大学生身心的健康发展非常有利。

4. 具有顽强的意志

心理健康的大学生具有坚强的意志和较大的耐挫能力。在大学生活中，能够较长时间保持对某一目标的兴趣，并具有克服困难的信心和勇气。

（1）通过理想教育和传统教育，培养坚强意志。崇高而远大的理想，是人们行动的巨大动力，它能推动一个人动员自己的一切力量去与困难作顽强不懈的斗争。因此，有了崇高的理想，才会有"大无畏"的精神。在我国古代，理想被称为"志"。古人很重视理想，即使到了穷困潦倒的地步，也要恪守"人穷志不穷"的信念，坚持他们的理想。翻开史册，我们会惊奇地发现，古往今来凡是在事业上有所成就的人必定是青少年时代就胸怀大志的。作家蒲松龄落第后，下决心要干一番事业，他写下了这样一副对联"有志者，事竟成，破釜沉舟，百二秦关终属楚；苦心人，天不负，卧薪尝胆，三千越甲可吞吴"。由于他具有坚强的意志和崇高的理想，终于完成了传世名著——《聊斋志异》。

有了理想必须用行动去实现，要把理想化成一个个具体的目标，而目标分为长期目标、中期目标、短期目标。对于学生来说，一个学期一个目标，一个学年一个目标，一个月、一个星期乃至一天一个目标，这些都是短期目标。要想向大目标迈进，就得从小目标开始。比如说，这个星期看几本书，参加哪些社团；或者是规定自己多长时间改掉一个缺点，培养一个好习惯，争取一个进步等这些都是短期目标。有了目标，学习才有努力的方向，目标定好以后就有计划、有步骤地去实现。只要发扬锲而不舍、百折不挠的精神，远大理想就会慢慢变成现实。

对于大学生来说，实现理想的过程也是意志品质成长的过程。千里之行，始于足下。坚强的意志不可能形成于一旦，它是在日常学习、工作和生活实践中逐步培养起来的。要把远大的志向与日常学习、工作和生活联系起来，从小事做起，把完成每一项学习和工作任务都视为向远大目标迈进了一步，把克服生活中的每一个小困难都当成"千锤百炼"磨炼意志的考验。

（2）在体育活动中培养学生坚强的意志。体育活动是以克服一定的困难和障碍为特征的，是培养人的意志品质的重要途径。在运动训练中培养意志品质，不仅有利于掌握运动技能，提高运动成绩，而且还能达到激发动机、提高认识能力、调节情绪、培养个性的目的。我们可以选择适当的体育项目来培养自己的意志品质。体育运动项目繁多，不同的运动项目所培养的意志品质不同。如球类运动，这是一种集体合作的项目，能培养学生的独立性和果断性、强烈的进取心、高度的纪律性、集体主义精神以及勇敢拼搏、不畏强手的意志品质。队列练习，则可以培养大学生的目的性、协调性、坚韧性。在各种体育项目中，长跑锻炼最方便、简洁，其效果也是很好的。长跑能培养人的耐力、毅力，锻炼人的顽强拼搏和坚持不懈的精神。

（3）通过劳动锻炼，培养坚强意志。人生中的学习跟长跑一样，需要有坚强的意志。劳动创造了人类，劳动可以培养人、锻炼人，通过艰苦的、创造性的劳动，可以培养人的坚强意志和意志品质。不管是体力劳动还是脑力劳动，都是培养人的意志的有效途径。卢梭认为："在人的生活中最重要的是劳动训练，没有劳动就不可能有正常的人的生活。"可见，艰苦的、创造性的劳动，是培养坚强意志的极好方法。毛泽东读书的时候利用假期，与同学扮作"乞丐"，各地"游学"，常常身无分文，徒步千里，天黑了，就地露宿，天当被，地当床，包作枕，月作灯。伟大的革命家应该成为我们今天培养意志、毅力的楷模。

劳动是生活的主要内容，生活中的一切幸福和欢乐都靠劳动创造。高尔基说过："人的天赋就像火花，它既可以熄灭，也可以燃烧起来，而它燃烧成熊熊大火的方法只有一个，就是劳动，再劳动。因此，天才就是劳动。"劳动是一切之母，是天才之路，更是培养坚强意志不可缺少的方法和手段。

（4）通过战胜逆境，培养坚强意志。逆境，包括各种艰难困苦的环境，也包括各种挫折和失败。它给人们带来许多麻烦、困惑、困难、障碍，甚至使人们颓废消沉。但如果我们身处逆境，却能正确面对困难、挫折、失败，分析原因，找出办法，战胜困难，我们就会坚定信心，增强意志。"梅花香自苦寒来"，逆境造英雄，苦难育英才。鲁迅说过："生活太安逸了，反为安逸所累。"所以，挫折和磨难是锻炼意志、增强能力的好机会。

常言道:"自古英雄多磨难,从来纨绔少伟男。"穷苦人家的孩子从小吃苦受难,经受了磨难教育、逆境教育,练就了坚强的意志。研究表明:当年上山下乡的知识青年,意志普遍坚定,成就一番事业的非常多。当然,我们不希望也绝不能为了磨炼意志,人为的设置逆境,而消耗和浪费大量的时间。但是,人生不如意的事十之八九,我们只要在人生所遇到的各种逆境中能够因势利导,就可以充分地磨炼自己坚强的意志。

5. 具有良好的情绪状态

(1)情绪状态对健康的影响。情绪状态通过对机体的中枢神经、内分泌系统和免疫系统产生作用,从而影响健康。人的情绪反应作用于大脑皮层、边缘系统、下丘脑等中枢神经,引起植物性神经系统调节紊乱;神经递质(去甲肾上腺素、5-羟色胺)释放,可直接作用于器官、内分泌腺,导致内分泌紊乱,免疫功能下降。

1)情绪状态与植物神经系统。消极的情绪状态会导致植物性神经系统调节紊乱。植物神经系统在生理上由大脑皮质神经进行支配和调节。正常情况下大脑皮质的兴奋、紧张交替进行,协调一致。当外界的情志刺激因素强度过大,或持续时间过长,即人长期处于消极的情绪状态,会导致大脑皮质的部分区域过度兴奋,统一协调功能失常,致使大脑的血管紧张痉挛,血流缓慢瘀滞,进一步导致大脑供血不足,脑细胞低氧,代谢废物淤积,从而使大脑神经调节能力下降。

2)情绪状态与内分泌系统。当机体在心理社会因素影响下,处于应激状态时,丘脑下部的神经内分泌功能发生改变,可影响到体液调节系统,如下丘脑—垂体—肾上腺调节系统、下丘脑—垂体—甲状腺调节系统及下丘脑—垂体—性腺调节系统。根据中医理论,消极的情绪状态会使肝脏变得脆弱,而沮丧挫折也会影响胸腺的分泌,从而影响到免疫系统。例如:被触怒、受到伤害、被抛弃、失望时,心脏会受到伤害;恐惧、不信任、怀疑时,肾脏会受到伤害;愤怒、压抑、嫉妒、报复心重时,肝脏会受到伤害。

3)情绪状态与免疫系统。实验研究证明,情绪不但影响中枢神经功能、体液调节功能,还影响到免疫功能。情绪状态与A性免疫球蛋白

（S-lgA）作为抵御一般感冒的第一道防线的抗体，两者关系的研究实验中，科学家发现，积极的情绪状态可以增强 S-lgA 的分泌并提高免疫反应水平，消极的情绪状态则减弱 S-lgA 的分泌并降低免疫反应水平。因此积极的情绪会增强免疫系统的功能，而消极的情绪则会减弱免疫系统的功能。大量的实验结果也表明，处于消极情绪状态的人比处于积极情绪状态的人更容易感染病毒。

（2）大学生保持良好情绪状态的策略。

1）保持积极乐观的生活态度。树立正确的人生观和价值观，正确对待生活中的挫折和不幸。

2）增加愉快的生活体验。首先，培养兴趣。兴趣是一种正性的情感体验倾向，它对神经的激活处于中强水平，人如果缺乏兴趣则不会有愉快的体验，兴趣与愉快的相互作用为大学生提供了最佳的倾向背景，使大脑处于最优的兴奋状态。因此大学生应该培养对学习的浓厚兴趣，养成良好的学习习惯。同时积极参加各种社会实践、社团活动及体育锻炼等，在这些社交活动中发挥自己的特长，提升自信心，收获积极情绪状态。

3）不要让坏情绪蔓延，给情绪适当的释放机会。释放坏情绪的方法主要有：宣泄法，这是一种发泄痛苦的方式，它可以减轻情绪反映的强度，使情绪较快稳定下来；倾诉法，找知心朋友或心理医生倾诉心中的郁闷，能给人极大的精神解脱；转移法，把注意力从引起不良刺激的环境中转移开，这样可以控制不良情绪的蔓延和加重。

6. 有完整和谐的健康人格

一个心理健康的学生，其人格结构包括气质、能力、性格和理想、信念、需要、动机、兴趣等，各方面都得应该到合理的平衡发展。如果一个学生具备了这种健康的人格特征，那么，他将会有一个良好的心理状态。

那什么是人格呢？

在心理学界，关于人格的解释与人们一般所说的有点不一样。美国心理学家阿尔波特认为："人格是个体在心理、物理系统中的动力组织，这个动力组织决定人对环境顺应的独特性。"那什么是健康的人格呢？在心理学界还没有统一的概念，阿尔波特是这样说的："健康的人格不受无意识力量的控制，也不受童年心灵创伤或冲突的控制。心理健康者的功能发挥是在理性和意识水平上进行的。这意味着控制他们的力量是实际影响他们生活的那些因素，并且，他们的定向依据是当前以及自己对未来的目标。"健全的人格也就是健康全面的人格。

健全的人格特征主要表现为人际关系和谐、有宁静的心境以及能有效地运用个人的能力，健全人格可以从塑造良好的性格特征及发挥自己气质中的积极面入手。性格是在生活中形成的对现实的稳定态度以及与之相适应的习惯化的行为模式，是人格的核心内容。气质是不以活动目的和内容为转移的典型的、稳定的心理活动的动力特征。

一个有着健全人格的人应该是个悦纳、独立、理性和有高尚道德的人。大学生是知识的象征，是国家未来的栋梁，时代对大学生的要求更高，要求大学生要有健全的人格。那作为一名大学生，应该怎样来塑造自己健全的人格呢？可以尝试做到以下几点：

第一，对自己有满意感，对自己所做的事情、对经过努力完成的目标有认同感。就算是没有完成的事情，只要是自己已经尽力而为了，也就没有什么可抱怨的了。除了对自己外，我们还要对别人采取同样的态度。承认别人的存在价值，由衷地为别人的成功而高兴，即使他和你有不同的意见，也一样为他祝福，这样的话，你将是一个受欢迎的人。同时，我们还要善于接纳社会上现实存在着的事物。包括承认一些丑陋的现象，乐于接受科技发展带来的新经验和新观点，对社会产生的新变化能较快适应，即意味着能以一种非传统非固定的思维方式去思考问题，并愿意改变固定的生活方式，去适应和创造一种新的生活。也就是说我们要做到悦纳自己、悦纳他人以及实实在在存在着的社会。

第二，独立，相信自己有能力改变目前不够理想的生活，相信人们可以通过自己的努力来改变社会，使之更加合理美好。同时，在学习和生活中，我们要拒绝被动，不迷信传统和权威，要相信命运是可以改变的。还有，我们是为自己而不是为别人而活着，因此，我们不要随波逐流、见风使舵，要有正义感，说话做事不要违背自己的良知。

第三，以理智的态度来办事，要客观地认识自我和评价自己。我们对自己提出的目标必须是切实可行的。我们要善于控制自己的情绪，喜、怒、哀、乐都适可而止，活泼而不轻浮、豪放而不粗鲁、坚定而不固执、勇敢而不鲁莽、干练而不世故，建立自己和谐的人格，不可肆意放纵自己。

第四，培养自己的社会道德感。敢于面对社会上的不良现象，不要麻木不仁。例如，在公共汽车上，看到老人、孕妇、抱婴儿者以及病残人士，要起来让座。看到周围有需要帮助的人，为他们提供力所能及的帮助，对他人抱有深切的同情心和爱心，善于理解别人。我们要遵守各种法律和地方、学校、单位的规章制度，恪守流传几千年的中华民族美德。

第五，热爱生活，树立正确的世界观、人生观和价值观，形成积极向上的人生态度。培养广泛的兴趣，在读大学期间，我们要积极参加学校举办的各种文娱活动，多交朋友，使自己的身心得到很好的发展。我们不但要看好专业书，在课余的时间，也要看看其他方面的书，博学广识，全面发展自己，做到知识全面而又各有专长。

心理健康的标准并不是绝对的，心理健康与心理不健康不是截然对立的，而是一种连续或交叉的状态。心理健康状态具有动态性。如果不注意心理保健，经常处于焦虑、抑郁心理状态，那么心理健康水平就会下降，反之，如果能及时进行自我调整或者寻求帮助，就会很快恢复到心理健康良好的状态。

二、心理卫生的等级

从健康状态到心理疾病状态一般可分为4个等级：心理健康—心理困扰—心理障碍—心理疾病。

（一）心理健康

心理健康要从多方面加以评价，主要是：本人评价、他人评价和社会功能状况：

1. 本人不觉得痛苦——在一个时间段中（如一周、一月、一季或一年）快乐的感觉大于痛苦的感觉。

2. 他人感觉不到异常——心理活动与周围环境相协调，不出现与周围环境格格不入的现象。

3. 社会功能良好——能胜任家庭和社会角色，能在一般社会环境下充分发挥自身能力，利用现有条件（或创造条件）实现自我价值。

（二）心理困扰

心理困扰又称第三状态，是介于健康状态与疾病状态之间的状态，是正常人群中常见的一种亚健康状态。它是由个人心理素质（如过于好胜、孤僻、敏感等）、生活事件（如工作压力大、晋升失败、被上司批评、婚恋挫折等）、不良身体状况（如长时间加班劳累、身体疾病）等因素引起的。它的特点是：

1. 时间短暂——此状态持续时间较短，一般在一周以内能得到缓解。

2. 损害轻微——此状态对其社会功能影响比较小。处于此类状态的人一般都能完成日常工作学习和生活，只是感觉到的愉快感小于痛苦感，"郁闷""很累""没劲""不高兴""应付"是他们常说的词汇。

3. 能自己调整——此状态者大部分通过自我调整如休息、聊天、运动、钓鱼、旅游、娱乐等放松方式能使自己的心理状态得到改善。小部分人若长时间得不到缓解可能形成一种相对固定的状态。这小部分人可以去寻求心理咨询师的帮助，以尽快得到调整。

（三）心理障碍

心理障碍是因为个人及外界因素造成心理状态的某一方面（或几方面）发展的超前、停滞、延迟或偏离。它的特点是：

1. 不协调性——其心理活动的外在表现与其生理年龄不相称或反应方式与常人不同。如：成人表现出幼稚状态（停滞、延迟、退缩）；

儿童出现成人行为（不均衡的超前发展）；对外界刺激的反应方式异常（偏离）等。

2. 针对性——处于此类状态的人往往对障碍对象（如敏感的事、物及环境等）有强烈的心理反应（包括思维情绪及动作行为），而对非障碍对象可能表现很正常。

3. 损害较大——此状态对其社会功能影响较大。它可能使来访者不能按常人的标准完成某项（或某几项）社会功能。如：社交焦虑者（又名社交恐惧）不能完成社交活动，锐器恐怖者不敢使用刀、剪，性心理障碍者难以与异性正常交往。

4. 需求助于心理咨询师——此状态者大部分不能通过自我调整和非专业人员的帮助而解决根本问题。心理咨询师的指导是必须的。

（四）心理疾病

心理疾病是由于个人及外界因素引起个体强烈的心理反应（思维、情感、动作行为、意志）并伴有明显的躯体不适感，是大脑功能失调的外在表现。其特点是：

1. 强烈的心理反应——可出现思维判断上的失误，思维敏捷性的下降，记忆力下降，头脑黏滞感、空白感，强烈自卑感及痛苦感，缺乏精力，情绪低落成忧郁，紧张焦虑，行为失常（如重复动作，动作减少，退缩行为等），意志减退等。

2. 明显的躯体不适感——由于中枢控制系统功能失调可引起所控制人体各个系统功能失调：如影响消化系统则可出现食欲不振、腹部胀满、便秘或腹泻（或便秘、腹泻交替）等症状；影响心血管系统则可出现心慌、胸闷、头晕等症状；影响内分泌系统可出现女性月经周期改变、男性性功能障碍等。

3. 损害大——此状态的患者不能或勉强能完成其社会功能，缺乏轻松、愉快的体验，痛苦感极为强烈，"哪里都不舒服""活着不如死了好"是他们真实的内心体验。

4. 需心理医生的治疗——此状态的患者一般不能通过自身调整和非心理科专业医生的治疗而康复。心理医生对此类患者的治疗一般采用心理治疗和药物治疗相结合的综合治疗手段。在治疗早期通过情绪调节药物快速调整情绪，中后期结合心理治疗使患者解除心理障碍，并通过心理训练实现患者社会功能的恢复并提高其心理健康水平。

第五章　大学生常见的心理困扰及其应对

一、大学生常见的自我意识困扰

（一）扭曲的自尊——虚荣

虚荣心，是一种追求虚假荣誉，以期获得尊重的心理行为。社会生活中，人人都有被尊重的需要，都希望得到社会的承认。但好虚荣者不是通过实在的努力，而是利用吹牛、撒谎、作假、诈骗、投机等非正常手段沽名钓誉。

虚荣心表现在行为上，主要是盲目攀比，好大喜功，过分看重别人的评价，自我表现欲太强，有强烈的嫉妒心等。如对虚荣的渴求心理；对自身的外表、学识、作用、财产或成就表现出的妄自尊大；对表扬或赞美的渴求等。虚荣心是指以虚假的方式来保护自己的自尊的心理状态。一般表现为两种：①不择手段，努力使自己比别人强，强过之后，在与别人的差距中获得快乐与满足；②当受条件所限，无法使自己比别人强时，就会在与别人的差距中感受折磨与痛苦。

虚荣心是人类一种普通的心理状态，人人都有自尊心，虚荣心强的人其实活得很累，因为他/她是生活在极度的自信和极度的自卑之间，没有中间地带。"死要面子活受罪"，这是句传统老话，很大程度上概括了这种人的心理和行为。

我们该如何对自己的虚荣心进行调整呢？

1. 认识虚荣的危害。虚荣心强的人，在思想上会不自觉地渗入自私、虚伪、欺诈等因素，这与谦虚谨慎、光明磊落、不图虚名等美德是格格不入的。虚荣的人为了表扬才去做好事，对表扬和成功沾沾自喜，甚至不惜弄虚作假。他们对自己的不足想方设法遮掩，不喜欢也不善于取长补短。大学生正处在生理和心理的成熟期，这种虚荣的心态对迫切要求上进、正处于成长之中的大学生是十分有害的。虚荣的人外强中干，不敢袒露自己的心扉，给自己带来沉重的心理负担。虚荣在现实中只能满足一时，长期的虚荣会导致非健康情感因素的滋生。

2. 认清虚荣与自尊。随着生理的不断发育，青年学生的自尊心也得以发展并明显增强。随着人生理和心理上的成熟，人的社会认知能力与自我意识也逐步提高，开始了个体社会化。随着自尊心的发展，虚荣心开始介入人的情感领域。虚荣心实际上是一种扭曲的自尊心。自尊心强的人对自己的声誉、威望等比较关心。做了好事，心里高兴是荣誉感的表现；珍惜荣誉，顾全面子是维持自尊心的正常要求；而为了表扬去做好事，甚至不惜弄虚作假，这就是虚荣心的表现了。自尊在谦虚、进取、真实的努力中获得。有自尊的人不掩盖缺点，而是取长补短；不会通过有权势的亲友或压低别人来抬高自己；不会不懂装懂，夸夸其谈；也不会把失败和不如意归咎于他人，而是可以进行深刻的批评与自我批评来改进自己。

3. 摆脱从众。从众行为既有积极的一面，也有消极的一面。要对社会上的良好风尚进行大力宣传，使人们感到一种无形的压力，从而发生从众行为。如果社会上的一些歪风邪气、不正之风任其泛滥，也会造成一种压力，使一些意志薄弱者随波逐流。虚荣心理可以说正是从众行为的消极作用所带来的恶化和扩展。例如，社会上流行吃喝讲排场，住房讲宽敞，玩乐讲高档。在生活方式上落伍的人为免遭他人讥讽，便不顾自己客观实际，盲目任意设计，打肿脸充胖子，弄得劳民伤财，负债累累，这完全是一种自欺欺人的做法。所以我们要保持清醒的头脑，面对现实，实事求是，从自己的实际出发去处理问题，摆脱从众心理的负面效应。

4. 调整需要。需要是生理的和社会的要求在人脑中的反映，是人活动的基本动力。人有饮食、休息、睡眠、性等维持有机体和延续种族相关的生理需要，有交往、劳动、道德、美、认识等社会需要，有空气、水、服装、书籍等物质需要，有认识、创造、交际的精神需要。人的一生就是在不断满足需要中度过的。可人毕竟不能等同于动物，马克思指出："饥饿总是饥饿，但是用刀叉吃熟肉来解除的饥饿不同于用手、指甲和牙齿啃生肉来解除的饥饿。"在某个时期或某种条件下，有些需要是合理的，有些需要是非合理的，对一名大学生来说，对正常营养的需要是合理的，而不顾实际摆阔的需要就是不合理的。对干净整洁、符合学生身份的服装需要是合理的，而为了赶时髦，过分关注容貌而去浓妆艳抹、穿金戴银的需要就是不合理的。要学会知足常乐，多思所得，以实现自我的心理平衡。

5. 端正价值观与人生观。自我价值的实现不能脱离社会现实的需要，必须把对自身价值的认识建立在社会责任感上，正确理解权力、地位、荣誉的内涵和人格自尊的真实意义。从进入大学的那一刻起，我们开始为追求一定的价值目标而学习，学习成为自觉、主动而持久的活动。但是，随着社会主义市场经济体制的发展，人们的观念发生了新的变化，加上社会上某种消极因素的影响，不少大学生对生活、前途、人生的态度发生改变，过分追求外在的虚华，讲排场，摆阔气，大吃大喝，攀比是时髦的象征，否则就会由于跟不上形势而遭讥讽，这都为虚荣心的滋长提供了土壤。只有着眼于现实，把自己的理想与国家、民族的前途结合起来，通过艰苦努力，克服前进道路上的困难和障碍，才有可能实现自己的远大理想和抱负。

（二）消极的自觉——自卑

在心理学上，自卑属于性格上的一个缺点。自卑，即一个人对自己的能力、品质等作出偏低的评价，总觉得自己不如人、悲观失望、丧失信心等。在社交中，具有自卑心理的人孤立、离群、抑制自信心和荣誉感，当受到周围人们的轻视、嘲笑或侮辱时，这种自卑心理会大大加强，甚至以嫉妒、自欺欺人的方式表现出来。自卑是一种消极的心理状态，是实现理想或某种愿望的巨大心理障碍。

自卑，可以说是一种性格上的缺陷。表现为对自己的能力、品质评价过低，同时可伴有一些特殊的情绪体现，诸如害羞、不安、内疚、忧郁、失望等。自卑的前提是自尊，当人的自尊需要得不到满足，又不能恰如其分、实事求是地分析自己时，就容易产生自卑心理。一个人形成自卑心理后，往往从怀疑自己的能力到不能表现自己的能力，从怯于与人交往到孤独地自我封闭。本来经过努力可以达到的目标，也会认为"我不行"而放弃追求。他们看不到人生的光华和希望，领略不到生活的乐趣，也不敢去憧憬美好的明天。

自卑是一种自我否认，对自己没有信心，也对自己不认同的心理表现。心理学家阿德勒认为，自卑指以一个人认为自己或自己的环境不如别人的自卑观念为核心的潜意识欲望、情感所组成的一种复杂心理。自卑指一个人由于不能或不愿进行奋斗而形成的文饰作用。自卑是由婴幼儿时期的无能状态和对别人的依赖而引起的，所以对人有普遍意义，是驱使人成为优越的力量，又是反复失败的结果。自卑情感，可通过调整认识、增强信心和给予支持而消除。

1. 自卑的表现

（1）敏感。过分敏感，自尊心强。弱势群体非常希望得到别人的重视，唯恐被人忽略，过分看重别人对自己的评价，任何负面的评价都会导致内心激烈的冲突，甚至扭曲别人的评价，比如，别人真诚地夸他，他会认为是挖苦。他们非常敏感，跟他们交往时，必须谨小慎微，别人不经意的一句话，都会在其内心引起波澜，从而胡乱猜疑。

（2）失衡。由于种种原因造成的弱势地位，使他们在社会的方方面面都体验不到自身价值，甚至还会遭到强势群体的厌弃。自我价值感是一个人安身立命的根本，丧失自我价值体验，使他们心态失衡，陷入恶性的心理体验之中，走不出这个心理的阴影，就很难摆脱现实的困境。别人欺负他，即使内心不服气，也自认为是正常的，非常认同自己的弱势身份。这种强烈的自卑心理极易导致自杀行为。

（3）情绪化。他们表面上好像逆来顺受，然而过分压抑恰恰积聚了随时爆发的能量。由于他们缺少应对能力，失业、离异、患病等生活事件很容易导致心理压力。当受到不公正的待遇时，认为别人瞧不起自己，难以忍受，往往产生过激言行。比如有些民工受老板欺负，会因此自杀。他们经常为了一点小事大动干戈，拳脚相向。有时当他们无力应对危机时，还会自残，用这种极端的方式表达自己的情绪。

2．自卑产生的原因

（1）自我认识不足。每个人总是以他人为镜来认识自己，如果他人对自己的评价过低，特别是较有权威的人的评价，就会影响对自己的认识，从而过低评价自己，产生自卑心理。对自我形象不认同，觉得自己长的不好。或者是对自己能力的怀疑，进入大学后的优越感降低甚至没有了，自己没有赢得别人尊重的本钱，于是产生了极强的失落感，原有的优越感一下子就成了自卑感。每个人都会在某个方面产生自卑感的。

（2）家庭经济因素。部分学生由于出身贫寒，生活困难，与别的同学相比，觉得自己家庭经济条件实在太差而感到自卑。这几年，在民办高校中，因为这方面引起自卑的大学生人数有增加的趋势。

（3）社会文化因素。每个人都处在特定的社会文化环境中，文化对自卑心理影响很大。米德等人研究新几内亚的三个民族的人格特征，显示居住在湖泊地带的张布里族，男女角色差异明显，女性是社会的主体，她们每天劳动，掌握经济实权。男性处于从属地位，主要从事艺术、工艺与祭祀活动并承担孩子的养育责任。这种分工使该地区的男人有明显的自卑。

（4）成长经历。人的一生不能说漫长也不能说太短，但真正对人产生深刻影响的关键时期就那么几个，其中童年经历的影响尤深。心理科学的研究已证实，不少心理问题都可在早期生活中找到症结，自卑作为一种消极的心态也不例外。

（5）个人性格特点。气质抑郁、性格内向者大都对事物的感受性强，对事物带来的消极后果有放大趋向，而且不容易将其消极体验及时宣泄和排解。因而外界因素对他们心理的影响往往要比对其他气质、性格类型者的影响大，其产生自卑的可能性也相应增大。

而意志品质表现为自觉性、果断性和自制力的学生在其上进心、自尊心受到压抑时，不是变得自卑，而是激起更强烈的自尊，及时调整自己的行动，以更大的干劲冲破压抑，努力拼出一条成功之路来。但有自卑心理的学生则正好相反，若经过一番努力后尚无效果，便会泄气，认为自己不行，于是变得自卑起来。甚至会对社会产生恐惧感，无法正常地接触社会上的人。

3. 自卑的作用

（1）补偿作用。阿德勒认为，个体追求优越的欲望来自人的自卑，例如有些人有器官缺陷，往往通过补偿来解决。阿德勒认为自卑感的主要来源是对缺陷的补偿。

（2）阻遏作用。阻遏力的形成过程是：自卑引起心理压力和紧张，激起逃避或退缩反应，抑制自信，导致焦虑，形成内在阻遏力。这是相当普遍的，也是非常有害的压力转换模式。

4. 如何战胜自卑

（1）认知法，就是通过全面、客观的认识，辩证地看待别人和自己。自卑者往往有很强的自尊心和抱负，自我评价协定高，当在学习生活中，由于自己方法不当，或缺乏处世能力而陷入困境时，自尊心受到伤害、优越感严重失落，于是从一个极度自尊自信者走向另一个极端，变成一个完全失去自信的人。

常言说："金无足赤，人无完人。"每个人都有自己的弱点和优点，我们应该坦然地接受自己的优点，但也不忌讳自己的缺点，这样就能正确地与人比较，能看到自己不如人之处，也能看到自己如人之处或过人之处。伟人之所以难以高攀，是因为你跪着看的缘故。

其实，最重要的比较是自己跟自己比。每个人应根据自己的兴趣、爱好、能力、特点等来确立自己的事业和人生道路，为此发奋努力，不断进步，最终实现人生的价值。这样的人生才是积极的、有意义的人生。

（2）作业法。自卑感往往是在表现自己的过程中，由于受到挫折，对自己的能力产生怀疑而造成的。有此心理的同学，不妨多做一些力所能及、把握较大的事情，一举成功后便会有一份喜悦，每一次成功都是对自信心的强化。而自信心的恢复需要有一个过程，切不可着急。应从一连串小小的成功开始，通过不断的成功来表现自己和确立自信，来消除对自己能力的怀疑。表现自己时，期望值不要过高，不要操之过急，要循序渐进地锻炼自己的能力，逐步用自信心取代自卑感。

有自卑感受的人多性格内向、敏感多疑，因此，表现自己还得从锻炼自己的性格入手。有自卑感受的大学生应多参加集体活动，在活动中培养自己的坚韧性、果断性、勇于进取等优秀品质，确立自信，以逐步克服自卑心理。

（3）补偿法。补偿法即通过努力奋斗，以某方面的成就来补偿自身的缺陷。生理上的补偿现象，如盲人尤聪，瞽者尤明，这是大家常见的。其实，人还有心理上、才能上的补偿能力。勤能补拙、扬长补短，可以说是心理上、才能上的补偿作用。华罗庚说："勤能补拙是良训，一分辛苦一分才"。记住：只要功夫深，一定能赶上他人。另外，每个人都有自己的长处和短处，要学会扬长补短。

亚历山大、拿破仑，他们生来身体矮小，这是他们的短处，但他们并不因此自卑，而是能看到自己的长处并立志在军事上取得成就，经过不断努力，最终他们都成功了。所以说，人的某些缺陷和不足，不是绝对不能改变的，而要看自己愿不愿意改变。只要找到正确的补偿目标，就能克服自身的缺陷或者从另一方面得到补偿。

（4）领悟法。领悟法即有自卑感受的大学生，主动求助于心理咨询师，进行心理咨询干预。一般来说，自卑有其深层原因，一个人之所以有自卑感，并不是自己的实际情况很糟，而是潜藏于意识深处的症结使然。经过咨询，来访者会发现被过去生活中的阴影影响今天的心理状态是没有道理的，从而使他们有豁然开朗之感，最终从自卑的阴影中解脱出来。

（5）暗示法。暗示法就是个人通过积极的自我暗示、自我鼓励，进行自助的方法。人的自我评价实际上就是人对自我的一种暗示作用。它与人的行为之间有很大的关系。消极的自我暗示导致消极的行为，而积极的暗示则带来积极的行动。每个人的智力相差都不是太大，我们在做事的时候，应不断地暗示自己，别人能做好的我也一定能做好。始终坚信"我能行""我也能够做好"。成功了，自信心得到加强；失败了，我们也不应气馁，不妨告诉自己：胜败乃兵家常事，慢慢来我会想出办法的。

（6）训练法。有自卑心理的人常常在性格上表现出不当之处，如内向、不与人交往、敏感多疑等，为此我们不妨进行一下成功性格的训练。

其具体做法如下：

第一，随意找到四个你的熟人，问他们对你的印象如何，确定你是否喜欢他们的回答，判断你为什么喜欢或不喜欢留给别人的那种印象。

第二，确定一下，如果你是一名演员的话，愿意扮演什么角色，以及你为什么喜欢这个角色。

第三，选择任何一个你所崇拜的人，列出他身上那些使你崇拜的特征和品质。

第四，把第二和第三综合为你自己所选择的性格。

第五，改变你的形象、行为、个性中你所不喜欢的东西，强化你所喜欢的东西。

第六，去表现你的新个性。

需要提醒的是，不要指望很快便能成功地改造来访者的性格，还必须以他/她性格的内核为基础。

自卑并非一文不值，适当的自卑可以促使我们不断努力、不断进步。要采取一定的方式方法改变来访者对于自卑的错误认知，让来访者学会肯定自己的价值，学会积极地思考问题，主动迈出与他人交往的第一步，走出自卑。

（三）退缩的自主——从众

从众是指在群体舆论的压力下，放弃个人意见而采取与大多数人一致意见的自我保护行为。心理学家阿希曾进行过从众心理实验，结果在测试人群中仅有1/4至1/3的被试者没有发生过从众行为，保持了独立性。从众是一种常见的心理现象，从众性是与独立性相对立的一种意志品质；从众性强的人缺乏主见，易受暗示，容易不加分析地接受别人的意见并付诸实行。

1. 从众的原因

（1）行为参照：在情境不确定的时候，其他人的行为最具有参考价值。

（2）对偏离的恐惧：木秀于林，风必摧之。

（3）与群体融合的需要：与群体成员保持一致可以使人更容易被成员接受。

（4）群体的凝聚力：对自己的群体有强烈的认同感。

2. 从众的危害

（1）从众带来的个性消失。现在的大学生都非常重视特长，因为大家都在学，而且大有不学就落伍的感觉，于是乎也不管自己是否适合或者有天赋，什么足球、跆拳道、围棋、茶道……什么都学，有的大学生甚至在一年内学了五六种特长，业余时间完全被剥夺不说，连正常的文化课都没学好，本想体现个性，却什么也不精。这就是这种从众心理造成的个性消失，不仅过去发挥作用，现在也在发挥作用，如果没有修正，将来也很难摆脱。

（2）从众的心理使个人获得了匿名感。从众心理在群体高度一致性的基础上使个人获得了匿名感，因此个人做事会无所顾忌。这种情况通常会在做一些违背原则的事情时出现。过马路红灯亮时，本来还打算遵守交通规则等绿灯亮时再走，但是发现闯红灯的人越来越多，于是便有了大家都闯、自己一个人也没什么大事的想法，也就无所顾忌了；像随地吐痰、贪小便宜、不遵守公共规则等很多现象，都是出于从众心理，导致很多不文明行为成为了一种屡禁不止的社会现象。

（3）从众的心理给个人带来了淹没感。从众的心理因为群体的共同行为给个人带来了淹没感，扼杀了创新的勇气和锐气。"少数服从多数"，是我们在选举或者决策中经常会遇到的方式，从课堂上的发言到开会时的表决，从思维的定式到惧怕风险的承担，无一例外的都有从众心理在作祟。

这种心理有的是因为利益,有的是因为怕出风头,有的是因为要明哲保身,有的是因为害怕承担责任。而这一切最终的结果就是将本来刚刚萌发的新思路和新观点活活扼杀在萌芽状态。也正是因为这种心理的影响,减少了社会的创新。

3. 从众的表现形式

一是表面服从,内心也接受,所谓口服心服。二是口服心不服,出于无奈只得表面服从,违心从众。三是完全随大流,谈不上服不服的问题。就从众心理的客观影响来看,既有积极意义,也有消极意义,主要看从众行为的具体内容。由于部分大学生的知识、经验比较欠缺,自制能力又不强,因此在多数情况下,从众行为不同程度地带有盲目性。大学生中既有口服心服的"真从众",也有口服心不服的"假从众"。"真从众"往往是所提出的意见或建议正合本人心意,或者自己原无固定意向,或者是出于"跟多数人在一起不会错"的随大流思想。"假从众"则往往是碍于情面或者希望免受群体的指责和惩罚。例如有的同学不吸烟,也不想吸烟,但伙伴中许多人都抽烟,为使自己与大家协调一致也只得抽上了。这种违心的从众现象,在学生中还是比较多的。

4. 大学生从众的类型

(1) 学习从众。高校常有这样一种现象,入校时随意安排的学生班级之间、宿舍之间,一年左右时间,便在各个方面显示出不同层次,出现明显的"不同步"现象。优等生、英语过级、研究生录取等相对来说,班级、宿舍都比较集中。宿舍成员集体出动参加各种证书培训班,已是大学校园蔚然流行的风景。

(2) 消费从众。进入高等学府,可谓是"大开眼界",校园里不乏"穿衣戴帽各有一套,抽烟喝酒各有所好""吃的高档、穿戴时髦、玩的够派、抽烟名牌"之辈。有些大学生下餐馆、赶舞场、览名胜、春游、秋游、过生日、会朋友、吃奖金、喝补助,名目繁多,五花八门,大学生纷纷搭上宿舍、班级、朋友、老乡的班车,无视自己的经济基础,钞票大把大把地花。有当局者一语道破天机:无可奈何,为了面子,只好不顾底子喽。

(3)恋爱从众。众目睽睽之下，俊男靓女同读一本书、同吃一碗饭，在时下的大学校园里已是公开风景。"现在我认识的老乡、同学、朋友不少在谈恋爱，没办法，我只好也找一个做做样子。"一男生幽默地说。校园恋爱极富感染性，有的班级一阶段没有几人谈，而另一阶段则出现了一群谈恋爱的；有的寝室无人问"爱"，有的寝室全在"爱中"。不谈恋爱者，众人拾柴，不消几日，就会被彻底"点化"。

(4)作弊从众。近几年，当社会上流行"撑死胆大的，饿死胆小的"时，校园里便兴起考试"不看白不看"的哲学，"学不在深，作弊则灵"，考场上作弊方式被发挥得淋漓尽致，以至考试不作弊的学生反而被讥笑为"傻瓜"，"大家都作弊，我为什么不做呢？"此外，赌博从众、入党从众、择业从众在大学校园也有相当的市场。

5. 从众的特点——班级效应、宿舍效应

引发大学生从众效应最值得注意的是"班级效应"和"宿舍效应"。

"班级效应"：大学生入学后都在探索新的学习方法，寻求新的学习动力。班级、宿舍每个成员的学习态度、学习方法、学习成绩以及平时学习时间的利用，都成了其他成员最直接的"参照物"，他们在形成自己的学习特点的同时，在某些方面也不同程度地与班级、宿舍大多数人保持一致。不仅如此，作息习惯、生活情趣、业余爱好也易趋同和从众，共同合成对班级、宿舍成员的鞭策力。

"宿舍效应"：从众于老生、老乡也是新生中较为普遍的现象。新生涉世不深、情况不熟，易简单模仿和随从于他人的行为。他们有的把"信得过"的老生、老乡作为他们学习的"楷模"，有的干脆"跟着'二老'走，永远不回头"，盲目从众。学习上表现为"老生（乡）怎么干就怎么干"，在遵守校规校纪方面表现为"向老生（乡）看齐"，如此，很容易导致"从良则良，随莠则莠"。随着大学生活的深入，同兴趣的同学相聚在一起，形成"趣缘圈"，成为大学生社交最广泛的形式。"趣缘圈"对大学生有极大的吸引力，往往对大学生思想观点的形成有很大的影响。

"班级效应""宿舍效应"在班风、舍风中的作用，由此可见一斑。反之，庸俗的从众行为往往会导致班风、舍风消极落后。

导致大学生从众心理的人群效力有所不同。据调查，大学生最易从众于恋爱对象，尤其是女大学生。其次，从众于老生、老乡。第三，从众于室友或趣友。第四，从众于同班同学。第五，从众于同年级、同专业同学……

此外，一味从众也容易导致大学生心理障碍的发生。从众的直接表现便是千军万马齐过独木桥，竞争过程的挫折、失落，很容易导致大学生精神压力过大，心理状况失衡。据调查，20%的在校大学生有不同程度的心理疾患。

从众心理人皆有之，但以被动为前提的从众，势必使大学生的独特失去价值。一味从众便意味着自己失去了一片晴朗的天空，抛却了一片属于自己的领地。盲目从众意味着部分大学生丢失了以个体色彩的思维和行动编织的草帽，在喧哗与骚动中麻木自己，所接受的高等教育也锈蚀成了斑驳的条条框框，毕业证书和学位证书只成了人生进程中的标志，却难以成为升华人生的动力。

大学生需要摆脱从众的盲目色彩，用独立的思想和明晰的脚印使自己主动融入集体的行列，这样，才能拥有一个真正属于自己的人生。

（三）变态的自立——逆反

青年大学生在成人眼里是孩子，在孩子眼里是成人。他们渴望在思想上、行为上乃至经济上尽快独立。这个时期，他们的智力发展虽已达到高峰，但阅历有限，经验不足，且情绪表现富于两面性，易感情用事，以至形成偏见。如：对班干部工作的抵触，或是对正面教育和宣传表现出怀疑、不认同的态度，对社会和个人前途表现出玩世不恭的态度等。

1. 逆反心理主要有两种表现

（1）一般社会成员反抗权威、反抗现实的心理倾向。如"唯上是反""唯制度是反""唯先进是反"等。作为社会心理现象，它具有鲜明的针对性、反抗性、偏激性、自发性、盲从性等特点。它往往与学风不正、利益分配不公、校园民主不落实、教育方法不当、个人思想认知偏差等诸多因素有关。应从净化校园氛围、建立良好的校园物质文明与精神文明入手，真正实现校园治理民主化和教育科学化来加以解决。

（2）为求自我独立，青年学生在成长中对父母或师长所表现出来的反抗心态。如你让他向东，他偏向西；你让他做，他偏不做；你不让他做，他偏要做。作为发展心理现象，它具有鲜明的年龄的阶段性、半成熟和半幼稚的特征，青年学生较为突出。对此既要正视和尊重他们要求独立发展的一面，又要看到他们幼稚无知的一面。消除青年学生逆反心理的关键在于教育者的正确对待和教育机制。逆反心理在青年学生成长过程的不同阶段都可能发生，且有多种表现。如对正面宣传作不认同、不信任的反向思考；对先进人物、榜样无端怀疑，甚至根本否定；对不良倾向持认同情感，大喝其彩；对思想教育及守则遵纪的消极、抵制、蔑视对抗等。

2. 逆反心理的形成机制

逆反心理的形成是一系列的心理活动过程的结果。其心理机制的过程是：首先，是教育的内容及相关的信息在特定的教育情景中，引起受教育者的注意；其次，是受教育者接触并理解教育的内容（信息），并将所理解的信息及所形成的观点和态度与自己原有的认知结构（包括思维方式、价值观念、知识修养）和态度观念加以比较；最后，经过比较、分析，作出接受或抵制的态度反应。如果受教育者经过比较分析之后，确认与原有的认知相悖就产生抵制，进而产生逆反心理。可见，逆反心理的实质是一种特殊的反对态度，是青年学生在社会化过程中逐渐形成的一种稳定的逆向心理倾向。

3. 逆反心理产生的原因

产生这种逆反心理的原因表现在两个方面：

主观上，是青年学生正处于"过渡期"，其独立意识和自我意识日益增强，迫切希望摆脱成人的监护。他们反对成人把自己当"小孩"，以成人自居。为了表现自己的"非凡"，就对任何事物倾向于持批判态度。正是由于他们感到或担心外界无视自己的独立存在，才产生了用各种手段、方法来确立"自我"与外界对立的情感。

客观上，教育者的可信任度、教育手段、方法、地点的不适当，往往也会导致逆反心理。逆反心理产生的原因有三种：一是好奇心，例如，一些不健康的文艺作品，越是受批评，人们越是想看，想方设法要弄到手，一睹为快。这些都是由于好奇心的缘故。二是对立情绪，任凭你"苦口婆心"，千言万语，他却无动于衷，认为你是虚情假意，吹毛求疵。三是心理上的需要，青年学生对于越是得不到的东西，越想得到；越是不能接触的东西，越想接触；越是不让知道的事情，越想知道。这是人们心理发展的一般规律，由于部分青少年学生理智程度较差，这种欲求也更强烈。

4. 如何缓解来访者的逆反心理

部分青春期的来访者，他们由儿童向成年人过渡，开始有了自我的意识，对于师长强加给他们的意愿，就开始出现了逆反心理，在与这样的来访者沟通时，只要注意到以下几点，逆反心理完全是可以缓解的：

（1）尊重孩子。处于青春期的大学生，他们是最需要得到他人认同与他人尊重的。当他对你的意愿表现出逆反时，家长不要急着去进行镇压，而要想一想，他为什么会反抗。同时你可以向他表示："我尊重你的看法"，或"你尽量举例说明"，这样你就赢了一大半，你千万不要说"你所说的是两码子事，根本是风马牛不相及。"或者"你的观点微不足道，这是不对的。"

不要过度表现出对事情了若指掌或经验老到的样子，对来访者的反对意见，表现出不在乎或不重视，这会激怒来访者。应该鼓励他们表达自己的意见，尤其是将内心的感觉表达出来，然后给予完全的重视和关心。让别人觉得他的反对意见是很独特的见解，让他们知道他们的确与众不同。

（2）注意语言。说话时注意语气、语调与用词。尽量避免使用命令的辞令，青春期的大学生不喜欢被命令、被驾驭、被强迫或被规定做任何事。有些字像"应该""必须""务必""一定"等，都是激起反抗情绪的祸源，命令会引起抗拒的心理。相反，应该以征求同意的方式。尽量使用"我们"，而不要使用"你"或"你们"。千万不要硬碰硬，咨询师最好说出他的道理、想法、观念、意见、理想和问题。尽量避免使用那些容易引起磨擦的文字，以免造成不愉快。

（3）委婉地纠正逆反大学生的错误。当这些来访者出现错误时，不要过分地指责与强调，应该委婉地提出。如果你毫不留情地揪出他们的错误，就等于激起他们的反抗。事实上，在所有的人际关系中都如此。

（4）学会聆听。当问题出现时，心理委员可以先提出问题，然后注意聆听来访者的想法。到目前为止，缓和反抗情绪最有价值的方法，就是提出问题，并注意聆听，而这两者都需要耐心。当你听到他们的反对意见时，要故作镇定状，并表现出听得津津有味的模样，这确实不容易。大多数情况下很多人都会迫不及待地予以辩驳，而且大多数人也都认为，他们必须举出事实"纠正别人"，以及给这个持反对意见的人"洗洗脑"。但是，应当暂时控制住这股冲动，再想想为什么别人会反对。一般来讲，这也不过是做一项决定前的一个过程而已。如果一个人说："等一下，让我再想一想。你要求我改变，做我从来没做过的事，我不能这么爽快答应你。"这非常合情合理，所以拖延一点时间是必然的。因此，提出问题和耐心地倾听，就是给予别人必要的喘息时间，以便解除反抗的情绪。

如果心理委员学会了上面四种方法，那么，与班级中有逆反心理的同学将不再是敌人，而是朋友。当然，在这里，心理委员自己的心态改变是非常重要的，要明白逆反的同学是一个成年人，他有了自己的想法，有自己的思维方式，他已经知道如何去看待问题、思考这个世界与社会。他不再是一个什么都需要依赖师长的孩子，而是一个有着独立个体与独立人格的成年人。

（四）极端的自信——自负

自负是个体自以为是、自命不凡的一种情感体验和情绪表现。自信是大学生重要的优秀品质，但自信过了度，听不进师长的教诲，听不进父母的嘱托，听不进同学的意见，一意孤行，那就会对自身发展带来不利的影响。

自负经常出现在这四类人中：缺乏自我认识的人；极力维护自尊的人；被过分娇宠的人；缺少生活挫折的人。

1. 自负者典型的心理表现

（1）自视过高。认为自己非常了不起，别人都不行，很少关心别人，与他人关系疏远。这种人时时事事都从自己的利益出发，从不顾及别人，不求于人时，对人没有丝毫的热情，似乎人人都应为他服务，结果落得个门庭冷落。

（2）看不起别人。总认为自己比别人强很多，这种人固执已见，唯我独尊，总是将自己的观点强加于人，在明知别人正确时，也不愿意改变自己的态度或接受别人的观点。总爱抬高自己、贬低别人，把别人看得一无是处。

（3）过度防御。这种人有很强的自尊心，当别人取得一些成绩时，其嫉妒之心油然而生，极力去打击别人，排斥别人。当别人失败时，幸灾乐祸，不向别人提供任何有益的信息。同时，在别人成功时，这种人常用"酸葡萄心理"来维持自己的心理平衡。

2. 自负心理的形成原因

（1）家庭教育。家庭教育是一个人自负心理产生的第一根源。对于青年大学生来说，他们的自我评价首先取决于周围的人对他们的看法，家庭则是他们自我评价的第一参考。父母宠爱、夸赞、表扬，会使他们觉得自己"相当牛""特别棒"。

（2）生活经历。人的认识来源于经验，生活中遭受过许多挫折和打击的人，很少有自负的心理，而生活中的一帆风顺，则很容易养成自负的性格。很多大学生是独生子女，是父母的掌上明珠，如果他们在学校又出类拔萃，老师又宠爱他们，就会养成自信、自傲和自负的个性。

（3）自我认识。自负者缩小自己的短处，夸大自己的长处。自负者也同样缺乏自知之明，同时又把自己的长处看得十分突出，对自己的能力评价过高，对别人的能力评价过低，自然产生自负心理。当一个人只看到自己的优点，看不到自己的缺点时，往往会产生自负的个性。自负的人容易好大喜功，取得一点小小的成绩就认为自己了不起，成功时完全归因于自己的主观努力，失败时则完全归咎于客观条件的不合作，过分的自恋和以自我为中心，把自己的举手投足都看得与众不同。

（4）情感问题。一些人的自尊心特别强，为了保护自尊心，在交往挫折面前，常常会产生两种既相反又相通的自我保护心理。一种是自卑心理，通过自我隔绝，避免自尊心的进一步受损；另一种就是自负心理，通过自我放大，获得自卑不足的补偿。例如，一些家庭经济条件不是很好的大学生，非常担心被经济条件优越的同学看不起，自己往往装清高，在表面上摆出看不起这些同学的样子。这种自负心理是自尊心过分敏感的表现。

（5）性格。自负是自信的一种极端形式。自信在一定程度上是积极的，当自信达到极限时，就会产生自负。当然，这不是必然的因素，需加上个人的其他因素加以促成。例如关羽，自信源于他未逢敌手，但自负源于他轻视敌手。

3．自负者的缓解方法

（1）让其接受批评。自负者的致命弱点是不愿意改变自己的态度或接受别人的观点，接受批评即是针对这一特点提出的方法。它并不是让自负者完全服从于他人，只是要求他们能够接受别人的正确观点，通过接受别人的批评，改变过去固执己见、唯我独尊的形象。

（2）与人平等相处。自负者视自己为上帝，无论在观念上还是行动上都无理地要求别人服从自己。平等相处就是要求自负者以一个普通社会成员的身份与别人平等交往。

（3）帮助自负者提高自我认识。要全面地认识自我，既要看到自己的优点和长处，又要看到自己的缺点和不足，不可一叶障目，不见泰山，抓住一点不放，以免失之偏颇。认识自我不能孤立地去评价，应该放在社会中去考察，每个人生活在世上都有自己的独到之处，都有他人所不及的地方，同时又有不如人的地方，与人比较不能总拿自己的长处去比别人的不足，把别人看得一无是处。

（4）锻炼长远目光。要以发展的眼光看待自负，帮助自负者既要看到自己的过去，又要看到自己的现在和将来，辉煌的过去可能标志着他过去是个英雄，但并不代表着现在，更不预示着将来。

(五)放纵的自我——任性

任性是做事只从自身的角度出发,不考虑他人想法的态度。如在人际交往中,不尊重他人的想法,一味地要求别人依自己行事;没想过自我克制,而一味要求他人对自己忍让;待人接物单从个人好恶出发。

1. 任性的内涵

任性是一种心理不成熟的表现。人是社会人,所以人的正常成熟的心理与行为是在所处的整体环境允许的条件下发生的,心理与行为符合社会的要求与规范,或者符合社会的发展趋势和具体的情景和身份,是正常心理理智运作的结果,否则就是任性。部分大学生由于心理不成熟、任性,导致一些摩擦甚至恶性事件时有发生。在符合社会基本要求的前提下,心理表达还要符合当时的情景,无论是快乐的表达,还是悲伤的倾诉,都是因当时的情景因素而产生。"人逢喜事精神爽""每逢佳节倍思亲""清明时节雨纷纷,路上行人欲断魂""感时花溅泪,恨别鸟惊心"都是情景心理的表达,都是人心理成熟后的感怀。人的心理与行为要符合社会习俗、规范、社会场景,更要符合当时的心理场景。所以,一般人很难理解庄子在其妻子死亡时的"鼓盆而歌",因为死亡是悲伤的场景,不应表现为"歌"的状态。现实生活中更会责难丧失亲人后的娱乐之举。歌、乐等都属于违背场景的任性,尤其是讲究中庸的中国人,一般是不能接受那些任性之举的。

有些大学生的任性是意志失控抗争的表现。人在失控抗争时会引起情绪与行为上的反应,产生愤怒、敌意、攻击,或者竭力挽回失去的控制能力。如大学生失恋后对女友的暴力、言语的骚扰行为。未经别人允许,随意张扬、任性宣传、扩大事态性质的求爱行为实际上是缺乏自信的表现,是试图竭力挽回失去的控制能力的任性行为。

心理学认为意志有独立性、坚定性、果断性、自制性四种优良品质,每一种品质都有相反品质。与自制性相反的品质就是任性、怯懦。自制性是善于控制自我的能力,有自制力的人能控制自我,善于控制自己的行为和情绪反应。任性,实际上就是不能律己,易冲动,意气用事,缺乏意志自制性。部分大学生夜以继日地放纵时光、蹉跎青春、消耗身体拼命游戏就是一种任性；有少数大学生，为了表达自己的一些不满，随意否定中国特色社会主义，随意污蔑自己的国家，就是一种品德的任性；为了戒除网瘾，砍断自己的手臂，是任性。为了近期的个人利益、即时利益而任性放纵，最后的结果只能是害人害己。

当今时代，人人都要求有出彩的机会，人人都想实现自己的梦想，人人都在张扬自己的个性，但张扬个性不是任性。个性的张扬是建立在社会主义核心价值观基础之上的，个性张扬能够也必须体现"富强、民主、文明、和谐、自由、平等、公正、法治、爱国、敬业、诚信、友善"的价值标准。社会主义核心价值观是形成中国特色社会主义美德的重要基石。

2. 任性发生的原因

任性和其他心理一样都有自己发生发展的原因，有生物学因素，但更多的是自身后天理性修养差、缺少内涵、缺少人文修养、缺少法治意识等造成的。同时，引发任性心理行为问题的心理因素也是不能忽视的。

（1）自身后天因素。自身后天因素是任性心理发生的重要原因，任性的表现是基于自身需要的冲动性，或者是激情状态下的冲动性，不管是冲动性，或是欲望的表达，或是情绪的发泄，都有其后天因素的影响。任性既是后天自身不良习惯的结果，也是没有加强自身修养的结果；既是教育管理不严的结果，也是不遵守社会规范的结果；既是个体品德不良的结果，也是个性心理变态的结果。崇高的理性，优秀的美德，坚强的意志，这些战胜任性的法宝都是后天经过个人的积极努力培育起来的。人是受文化培育的，人是受制于法律的，人是经过道德熏陶的，作为人的存在，就是要限制自身的冲动，就是富有理性、富有涵养、富有人文情怀。在追求中国梦的今天，人还要牢牢把握好世界观、人生观、价值观的总关口，努力奋斗，在为实现中华民族伟大复兴中国梦而贡献的同时，实现个人梦想。

（2）躯体疾病导致的任性心理行为。在病菌、病毒感染下，病情严重者会出现狂躁、幻觉、妄想等症状，其中少数人会出现人格和行为异常。甲状腺机能亢进时会表现出精神兴奋性增高，初期表现为情绪不稳、过敏、急躁、易激动，进一步可出现狂躁状态，导致人出现莽撞的任性行为。

（3）心理因素。重大疾病、躯体疾病尤其是一些慢性病，由于久治不愈，来访者出于对生命苦难的恐惧和对身体康复的希望的转换状态中，情绪不断变化而不能自主，出现任性行为。在精神疾病专科医院住院病区，部分患者说得最多的一句话就是"不如去死"。在这种状态下，有些来访者对医护人员、家人等表现出一些任性行为。

3．任性的矫正

任性主要是个人后天的原因，以及生理、心理因素影响，因此应根据不同情况进行干预。

（1）加强教育。有些任性是认知方面的错误导致的，如任性地随地吐痰，任性地说脏话，任性地不讲卫生等，对于这些"小毛病"的任性，我们应及时进行教育劝诫，进行一定的约束和限制，使之养成良好习惯，使任性得以戒除，形成有修养、有内涵的习惯。

（2）心理疏导。对于心理不成熟表现出的任性，对于心理困扰甚至心理异常导致的任性，以及由生理、疾病等原因导致的任性，都有其心理的最初的基础或者最初的心理变化。针对任性的心理变化，我们要能够及时觉察，防微杜渐，进行心理疏导，通过朋辈心理辅导，帮助部分大学生心理发生变化，改变思想认识，改变行为观念，认识到任性的结果及其将会导致的不同危害，不再任性。

在心理委员的日常生活中，可能遇到这样的疑问，生活中、人生中、工作中可否来点任性？答案是不可。人际交往之间，小到生活琐事，大到人生事业前途，细细想来皆不可脱离理智而任性，更不可任性妄为。朋友恋人之间吵架不能任性，生活饮食也不能任性，人生路上，更不可任性。任性非常容易滑向非理性，非理性往往就是理性的毁灭。

二、如何培养健康的自我意识

个体心理健康最重要的标志之一是对自我的接受和认可，既有成熟的自我意识又有健康的自我形象。早在古希腊时期,"认识你自己"这句刻在神庙上的名言就激励着人们不断探索自我、实践自我、超越自我。而对处在青年期的大学生来说,"自我"更是自己积极关注的课题。大学生自我认识、自我评价、自我控制如何,直接影响自己的社会适应和身心健康。如果一个人认识自己并接纳自己,对自己有合理的期望,而且知道自己为什么而活着,善于利用每个成长机会改进自己、完善自己,他的一生就会快乐,就会有价值。

自我意识的确立是青年心理发展的重要标志之一,对于青年人格的形成、心理的发展起着重要的作用。大学阶段的自我意识是大学以前自我意识的继续与深化,同时又有其质的变化。这一时期,大学生自我意识从分化到矛盾,走向统一,对于人的一生都有特别重要的意义。健康的自我意识是客观的自我评价、积极的自我体验、适度的自我控制,可以通过以下几个途径来加以培养。

1. 正确认识自我

正确认识自我,就是要全面地了解自我,其中特别重要的是要了解自己的长处和短处,把握自己与群体的关系、自己在社会生活中所处的位置,对自我有恰如其分的评价。"Know Yourself"可能是人类最古老,也是最难解的谜。要做到正确认识自我,有以下几种方法:

(1) 在经常的自我内省中认识自我。内省法就是通过反省自己、分析自己来了解自己的方法,古人云:"吾日三省吾身",自己对自己的观察与思考也是自我认识的一个重要方面。大学生已经具备了一定的自我反思和自我批判的能力,应经常反思自己,自我检查得失功过,严于解剖自己,敢于批评自己,在自我解剖和自我批评中,更深刻地认识自我。要一分为二地分析自己。对自己估计过高,盲目自大,或是对自己估计过低,过于自卑,都会使人丧失适合自己发展与成功的机会。

(2) 通过他人的认识与评价来认识自我。个体的自我认识要受他人评价和态度的影响,并在一定程度上反映了他人的评价和态度。大学生要重视熟悉自己或与自己打交道较多的人的评价,如同学间的互评,教师给予的具体而有个性的正确评价，父母对自己的看法，都有助于自我认识能力的提高。当然，这并不是简单的接受别人的评价，评价者和评价者所作的评价，都会影响大学生对他人评价的接受。大学生在接受他人评价之前，要先分析评价者及其所作的评价，然后才有选择地接受他人的评价，形成关于自己的评价，达到自我认识。

（3）通过自我比较来认识自我。大学生不仅要与自己情况差不多的人比，更要与自己的过去和将来比，通过把目前的"自我"与过去或将来的"自我"相比较来进一步认识自我。过去的成就水平越高，个体越容易积极的评价自己，而指向未来的抱负水平越高，个体越不容易满足，越难对自己做出肯定的评价。所以，大学生不要满足现有的成绩，要不断地超越自己，同时，也要确立适当的抱负水平，不要一味地和自己过不去。

2. 积极悦纳自我

心理研究表明，心理健康者更多地表现出对自我的接受和认可，而心理障碍者则明显表现出对自我的不满和排斥。人总要对自己有所肯定又有所否定，在自我意识的发展中要建立起二者动态的平衡。

（1）合理定位理想自我。我们要有适当的目标水平，合理的理想自我定位。目标水平过低，虽然很容易达到，但所取得的成就并不能带来真正的满足感，而且也抑制了个人潜能的充分发挥。不切实际的过高的奋斗目标，个人再努力也难以实现，会降低自信心。因为每个人的能力都有一定的限度，如果一个人不能客观估量自己的能力范围，仅凭良好的愿望与热情，结果会使目标落空，个人心理蒙受打击，产生挫折感。因此大学生应尽可能调整自己的目标，使之与自己的能力及各方面条件相匹配，既能调动自己的积极性，充分挖掘自身的潜力，又有实现预定目标的可能性。

（2）积极地评价自我。部分大学生总以别人的长处比较自己的短处，觉得自己不行，那样只能越比越糟糕，不会有任何激励作用，反而会加重自身的心理负担。因为人无完人，金无足赤，每个人身上难免存在一些不足与不完善的地方。如其貌不扬、身材矮小、肢体残疾、家庭经济困难等，许多客观缺憾和环境是不能改变的。有的大学生由此产生自卑情绪，能认识自己却不能接受自己，就必然会增加自己的不安与痛苦。要改变这种心理现状，就要避免以唯一的标准进行社会比较，要认识到自己的优缺点，对自己有一个全面正确的评价，坦然地、积极地接受现实中的自我。

（3）努力拓展交往空间。广交朋友，积累经验，扩展自己的交往空间，也是悦纳自我的途径。这是培养健康自我意识的需要，大学生应积极主动地扩大人际交往空间。多接触一些人和事，多交一些朋友，关心自己，也关心别人、关心社会，就会赢得别人的喜爱和认可，精神生活就会丰富、愉快，一个被别人接受的人反过来也更容易接受自己。通过人际交往，可以同他人交流思想、感情，相互启发、相互疏导、相互帮助，增进相互之间的沟通和理解，人际交往的时间与空间范围越大，就会得到越多的社会支持，从而建立起充分的安全感、信任感，促进对自我的进一步肯定。

3. 科学塑造自我

（1）努力提高现实自我。提高现实自我是大学生不断修正现实自我的行为和相应的心理活动，使之朝着正确理想自我的方向发展。为了不断战胜旧的自我，重塑新的自我，就要努力发展自己，积极主动地为社会服务，勇挑历史重担。只有立足社会需求，从个人实际出发，使自己的行为符合社会准则和要求，才能得到社会的承认。

（2）锻炼自我调控能力。自我调控是大学生主动地定向地改变自己的心理品质、特征以及行为的心理过程。首先，要制订完善的行动计划和程序，使自己的行为有条不紊，避免盲目性，但同时也要注意制订计划后严格执行，不能朝令夕改。

首先要确立明确的行动目标。个体的行为是否有目的性，结果是不一样的。一般说来，有目标指向的行为比无目标指向的行为成就要大得多。要做"自如的我，独特的我，最好的我，社会欢迎的我"。"自如的我"是指不要给自己提出力所不能及的过高要求，而是给自己设立只要付出相当的努力就能达到的目标；"独特的我"是指不要在模仿中失去自我，要在接受自我的过程中，扬长避短，自在地生活；"最好的我"指立足于现实，选择适合自己的人生道路，尽最大努力，达到最佳水平，满意地生活；"做一个社会欢迎的我"是指有正确的价值取向，达到自我实现的目标。

其次要培养坚强的自控能力。在实现目标的路上，既有各种本能欲望的干扰，又有外界诱惑的侵袭。个体决定做某事时，常会产生各种对立动机的内部斗争。大学生要培养自己的自控能力，不能向自己的本能欲望低头。在"应该做"和"我要做"之间做出恰当的选择。

（3）塑造健全的意志品质。意志健全的人，在行动中表现出较强的自觉性、果断性、自制力和顽强力，而对自我的有效监督和控制，离不开意志的力量，只有意志健全的个体，才能做到对自我的有效控制，从而最终实现理想自我。因此，大学生都应在日常生活中提高对心理冲突和挫折的耐受能力，培养自我健全的意志品质。

三、大学生人际交往中常见的困扰

1. 嫉妒

西班牙作家塞万提斯指出："嫉妒者总是用望远镜观察一切，在望远镜中，小物体变大，矮个子变成巨人，疑点变成事实。"嫉妒是对与自己有联系的、强过自己的人的一种不服、不悦、失落、仇视甚至带有某种破坏性的危险情绪，是通过把自己与他人进行对比，而产生的一种消极心态。当看到与自己有某种联系的人取得了比自己优越的地位或成绩时，便产生一种记恨心理；当对方面临或陷入灾难时，就隔岸观火，幸灾乐祸；甚至借助造谣、中伤、刁难、穿小鞋等手段贬低他人，安慰自己。正如黑格尔所说："有嫉妒心的人自己不能完成伟大事业，便尽量去低估他人的伟大，贬低他人的伟大性使之与他本人相齐。"

嫉妒的特点是：针对性——与自己有联系的人；对等性——往往是和自己职业、层次、年龄相似而超过自己的人；潜隐性——大多数嫉妒心理潜伏较深，体现在行动上时较为隐秘。

2. 多疑

这是人际交往中的一种消极的心理品质，可以说是友谊之树的蚀虫。

正如英国哲学家培根说的:"多疑之心犹如蝙蝠,它总是在黄昏中起飞。这种心情是迷陷人的,又是乱人心智的。它能使你陷入迷惘,混淆敌友,从而破坏人的事业。"具有多疑心理的人,往往先在主观上设定他人对自己不满,然后在生活中寻找证据。带着以邻为壑的心理,必然会把无中生有的事实强加于人,甚至把别人的善意曲解为恶意。这是一种狭隘的、片面的、缺乏根据的盲目想象。

3. 自卑

美国心理学家的研究表明,儿童时期如果各项活动取得成绩而得到老师、家长及同伴的认可、支持和赞许,便会增强他们的自信心、求知欲,内心获得一种快乐和满足,就会养成一种勤奋好学的良好习惯。相反,他们会产生一种受挫感和自卑感。个体自卑感的形成主要是社会环境长期影响的结果。

自卑的浅层感受是别人看不起自己,而深层的理解是自己看不起自己,即缺乏自信。

4. 干涉

心理学研究发现,人人都需要一个不受侵犯的生活空间,同样,人人也都需要有一个自我的心理空间。再亲密的朋友,也有个人的内心隐秘,有一个不愿向他人坦露的内心世界。有的人在相处中,偏偏喜欢询问、打听、传播他人的私事,这种人热衷于探听别人的情况,并不一定有什么实际目的,仅仅是以刺探别人隐私而沾沾自喜而已。

5. 羞怯

羞怯心理是绝大多数人都会有的一种心理。具有这种心理的人,往往在大庭广众之下,羞于启齿或害怕见人。由于过分的焦虑和不必要的担心,使得人们在言语上支支吾吾,行动上手足失措。长此以往,会不利于同他人的正常交往。

6. 敌视

这是交际中比较严重的一种心理障碍。这种人总是以仇视的目光对待别人。这种心理可能来自童年时期在家庭环境中受到虐待从而产生的一种别人仇视我、我仇视一切人的心态。对不如自己的人以不宽容表示敌视；对比自己厉害的人用敢怒不敢言的方式表示敌视；对处境与自己类似的人则用攻击、中伤的方式表示敌视。周围的人因随时有遭受其伤害的危险，而不愿与之往来。

四、应对人际关系困扰的心理策略

1. 发现优势

心理学研究发现，每个人对优势的理解都不同，如果把大家的优势都归纳一下，至少有一百多类。为了做出一个积极心理学的评价标准体系，积极心理学鼻祖马丁·塞利格曼教授找到了一批一流的心理学家研究人类优势的评估和测量。他们阅读了世界上主要宗教和哲学派别的基本论著，找出共同点。最后得到了六大美德：智慧与知识、勇气、仁爱、正义、节制、精神卓越。优势是实现以上六种美德的特质：包括实现智慧与知识美德的好奇心、热爱学习、判断力、创造性、社会智慧和洞察力；实现勇气美德的勇敢、毅力和正直；实现仁爱美德的仁慈与爱；实现正义美德的公民精神、公平和领导力；实现节制美德的自我控制、谨慎和谦虚；实现精神卓越美德的美感、感恩、希望、灵性、宽恕、幽默和热忱。

如何发展自己的优势？

（1）发现优势的能力。不同的职业具有不同的能力要求，我们要判断自己具备从事何种职业的能力，即要知道自己的优势能力。一般我们可以用以下几个方法：

1）不假思索的反应。没有经过相关的教育与培训，在某些方面却能力出众。譬如流行歌手郑智化不识五线谱，但他却创作出了不少颇受欢迎的歌曲。有销售天赋的人，天生就可以很快拉近和陌生人的距离，并且容易与别人保持良好的关系。如果缺乏这方面的能力，绞尽脑汁也未必有好的效果。

2）学得快。从小到大读书，同班同学都是接受同样的课程与教育，但对不同科目大家的学习能力有所不同，导致学习成绩也会相差很大。

3）你渴望经常运用这些能力去做事情。譬如你擅长写作，可能就会想做文字编辑或作家；你对数字很敏感，就想做财务。

4）满足运用这些能力以后，你会很开心，很有成就感。譬如运用出色的沟通能力与谈判能力，你签下了一个大的订单，你肯定会兴奋不已。

（2）尝试有一定难度的工作与活动。在运用实际的优势能力去获得成功时，不要忽略了自己还有许多潜在的能力。尝试有一定困难的工作与活动，把潜能也发挥出来，你的成就会大大超过你的期望。前微软全球副总裁李开复博士说过一个故事，他在苹果公司工作的时候，有一天老板突然问他什么时候可以接替老板的工作。他非常吃惊，表示自己缺乏管理经验和能力。但老板却说，经验和能力是可以培养和积累的，而且希望他在两年之后可以做到。有了这样的提示和鼓励，李开复开始有意识地加强这些方面的学习和实践。果然，两年之后他真的接替了老板的工作。

（3）通过心理测试——能力倾向测验。能力测验一般分为两类：一类是智力测验，主要是测第一类能力，即认知能力；另外一类是管理能力以及与具体职业相关的能力，它们可能综合了认知能力、社交能力、操纵能力，其中有先天的部分，但很多是后天可以培养的能力。能力倾向测评不仅可以预测成功，而且在预测失败方面会有更大的效果，即它可以有效地预测要避免从事的职业。

（4）通过以下问题描述自己能做的事情，归纳相应的能力。别人认为我什么最出色？我自己最拿手的事是什么？我曾做过的最得意的事是什么？详细描述你做过的最得意的一件事：事情的概况？当时你遇到什么困难？你采取了什么解决办法？

（5）运用优势能力。发现了自己的优势能力，还要善于运用，否则你的优势就是白白浪费，毫无价值。

2. 换位思考

换位思考，是设身处地为他人着想，即想人所想，理解至上的一种处理人际关系的思考方式。人与人之间要互相理解、信任，并且要学会换位思考，这是人与人之间交往的基础。人际关系出现不和谐后，双方心情都比较失落，多站在对方的角度想想自己的言语和行动，多考虑一下他人的感受，以一种宽容的心态去面对，相信你会有不一样的收获。

作为人际交流中维护正常关系的一种手段，换位思考具有极为重要的作用。通过换位思考，我们能从别人的角度出发来想问题，了解其他人的难处和困惑之处，从而就可以更加理性地做出正确的判断，及时有效地化解矛盾。当有人冒犯你时，当有人做了让你很不开心的事情时，你都可以换位思考一下，然后做出理性的抉择。那么我们如何才能做到换位思考呢？也许下面的方法可以帮助你来解答这个问题。

（1）学会站在他人的角度来思考问题。当自己无法理解别人的所做所为时，就应该试着想象一下，从别人思考问题和解决问题的角度出发，来体验他人面对棘手问题时所采取的合理的解决问题的方法。

（2）学会体验对方的生活，深入到别人生活和学习的地方，通过亲身感觉来提高换位思考的能力。由于不同的人通常其生活环境是不一样的，要想了解一个人，就必须处于其生活环境中，这样才能更彻底地理解对方，从而站在对方的角度思考问题。

（3）加强沟通，只有通过沟通才能了解对方，才能更好地站在对方的角度来思考，也可以通过这种方法来提高换位思考能力。

（4）真诚相待，与对方达成共识，让对方对你产生信任感。同时根据遇到的问题，设法征得对方的意见和建议，这样可以从侧面来了解对方的性格特点，更重要的是，了解对方处理问题的特点和做法。

（5）了解对方的处境以及对方的性格特点，同时抓住问题的重要矛盾，只有这样才能做到换位思考。尤其是当和别人闹矛盾的时候，就更应该站在对方的角度考虑一下，想想当问题出现时，应该如何从更加理性的角度出发来想问题。当这样想的时候，问题就可以得到很好的解决，双方的矛盾就可以及时化解。

用自认为好的方法来对待别人，是自作多情；用希望别人对你的方法来对待别人，是将心比心；用别人期望的方式来对待别人，是善解人意；为对方着想，换位思考，这是最朴素也是最高超的技巧。

3. 学会微笑

微笑是对生活的一种态度，跟贫富、地位、处境没有必然的联系。只有心里有阳光的人，才能感受到现实的阳光，如果连自己都常苦着脸，那生活如何美好？生活始终是一面镜子，照到的是我们的影像，当我们哭泣时，生活在哭泣，当我们微笑时，生活也在微笑。

微笑发自内心，不卑不亢，既不是对弱者的愚弄，也不是对强者的奉承。奉承时的笑容，是一种假笑，而面具是不会长久的，一旦有机会，他们便会除下面具，露出本来的面目。微笑发自内心，无法伪装。保持"微笑"的心态，人生会更加美好。人生中有挫折，有失败，有误解，那是很正常的，要想生活中一片坦途，那么首先就应清除心中的障碍。微笑的实质便是爱，懂得爱的人，一定不会是平庸的。微笑没有目的，无论是对上司，还是对门卫，那笑容都是一样的，微笑是对他人的尊重，同时是对生活的尊重。微笑是有"回报"的，人际关系就像物理学上所说的力的平衡，你怎样对别人，别人就会怎样对你，你对别人的微笑越多，别人对你的微笑也会越多。

在受到别人的曲解后，可以选择暴怒，也可以选择微笑，通常微笑的力量会更大，因为微笑会震撼对方的心灵，显露出来的豁达气度让对方觉得自己渺小、丑陋。微笑是人生最好的名片，谁不希望跟一个乐观向上的人交朋友呢？微笑能给自己一种信心，也能给别人一种信心，从而更好地激发潜能。微笑是朋友间最好的语言，一个自然流露的微笑，胜过千言万语，初次谋面也好，相识已久也好，微笑能拉近人与人之间的距离，令彼此之间倍感温暖。微笑是一种修养，并且是一种很重要的修养，微笑的实质是亲切，是鼓励，是温馨。真正懂得微笑的人，总是容易获得比别人更多的机会，总是容易取得成功。微笑是人际交往的润滑剂，不经意间的一个浅浅的微笑就可以让一颗落魄、孤独的心找到归宿，让一份灰暗的心情找到阳光。不要吝啬你的微笑，舒展开你的笑容吧！

4. 心怀感恩

感恩是一种生活的态度，让你善于发现日子中的感动。感恩父母，感恩家人，感恩朋友，感恩日子……包括感恩逆境和敌人。感恩是一种处世哲学，是日子中的大智慧。人生在世，不可能一帆风顺，各种失利、无奈都需要我们勇敢地面对、豁达地处理。当挫折来临时，是一味地埋怨日子，从此变得消沉、萎靡不振，还是对日子满怀感恩，跌倒了再爬起来？

"我的手还能活动；我的大脑还能思考；我有终生寻求的理想；我有爱我和我爱着的亲人与朋友；对了，我还有一颗感恩的心……"谁能想到这段豁达而美妙的文字，竟出自一位在轮椅上度过了三十余年的高位瘫痪的残疾人——霍金。命运之神对霍金并没有垂青，可他仍感到自己很富有：三根能活动的手指，一个能思考的大脑……这些都让他感到满足，并对日子充满了感恩之心。因而，他的人生是充实而快乐的。

对生活、对亲人、对朋友，要怀有一颗感恩的心，感谢这一份遇见，让生活多了更多的可能与精彩。真诚地感恩逆境，它是一次人生的淬火，让我们得到锤炼；它是一个课堂，让我们学会了刻苦、忍耐、淡泊和宽容；它是一块"试金石"，使我们体会真实的友谊，真实的朋友，体会冷暖人生；它是一笔财富，经历了它，会让我们精力富有，终生享受。逆境砥砺心志，教会我们体会真诚，体会人生，让我们心存感恩，在人生的道路上风雨兼程。

生活中美好的感觉不是由处境和外在的条件决定的，关键在于我们有没有感恩的心。想想我们得到过的爱，哪怕它并不多；想想亲人、朋友，乃至是不相识的人为我们做过的事，哪怕它只是举手之劳；想想早晨扑面而来的清新的空气，想想拂过我们额前发丝的调皮的风儿……

充满感恩的信念就如同肌肉，你使用得越多，它越是强健有力，牢记朋友对你的帮助，心怀感恩地对待每一个人，心怀感恩地帮助你的朋友，让感恩之情感染你周围的人。

5. 完善自己

优秀的人往往更受人欢迎，不断地完善自己，改掉生活中的不良习惯，用你的人格魅力吸引大家，相信大家会更喜欢你的。

怎么样完善我们自己呢？

（1）做好自己的专业。将自己所学专业知识努力应用到实践中，并且不断总结，不断更新，进而不断提升，使自己成为专业领域的佼佼者，这乃人生一件快事也。因为这就是自己的生存之本、立业之本。

（2）发展兴趣爱好。就是将自己喜欢的事情做好，让它成为自己除了专业之外的特长，因为兴趣所致，对它的应用以及理解程度可能会超过专业知识。在保证立身之本之后，发挥自己的所长，让自己的精神与物质一样发达，甚至精神超越物质，只有这样，人生才会变得有意义、有价值，值得我们用一生去品味。

（3）专业与兴趣相长。专业与兴趣自然不是独立存在的，他们可以相互渗透，相互交叉，相互弥补，使自己的专业能力更上一层楼，使兴趣所指变得更加有意思、有内涵、有价值。专业与兴趣在某种层面上的结合或许将会给你带来全新的视角，带来全新的机遇，碰撞出灵感，让你走向别人不可期冀的辉煌与高度。这就是专业与兴趣结合的好处，当然不排除那种专业与兴趣重合的情况，但是完全重合的情况非常少见，尽量使它们多重合倒不难做到。

（4）发掘潜能，拓宽视野。寻找自己另一些不为人知的能力，训练自己的心理承受力，抓好机遇，你的人格才会更加完善，成就才会更大。

五、大学生的学习心理困扰

在日常教学中，我们往往发现存在这样一种现象：一些智商高的学生，学习成绩一般，甚至较差，而一些智商一般的学生，学习成绩却很好。我国著名的心理卫生学家陈家诗教授说："心理健康的学生，成绩优于心理不健康者；心理健康的成人，其工作效率必胜于心理不健康者。"在学习方面，大学生的心理问题大体表现在以下几个方面：

（一）学习适应不良

学习适应不良是大学新生中普遍存在的一种心理困惑，对他们造成不同程度的影响。其具体表现有：

1. 对学习缺乏应有的兴趣、紧迫感和自觉性。

2. 学习缺乏独立性，习惯于中学时的学习方法，由教师安排自身的学习内容、学习计划、学习时间等，对教师的依赖性较强。

3. 不理解大学的学习特点和规律，不知道如何有效地开展学习活动。

4. 学习中精力不足，对本专业的知识、技能、要求认识不足，不知道怎样建立专业知识结构、培养专业技能，学习带有盲目性。

（二）学习缺乏动力

大学生学习缺乏动力是指学习没有明确的方向，甚至厌倦学习。在学习时不像中学时那么有劲头，主要表现为：

1. 学习松弛。进了大学校门，从心理上摆脱了高中时的沉重压力，思想上逐渐松懈，新的目标还没有明确形成，所以学习的动力不如中学时强。

2. 没有学习的热情，缺乏必要的学习压力和心理唤醒水平，懒于学习，没有学习的抱负和希望，求知的上进心不足，把主要精力放在娱乐等与学习无关的活动上。

3. 学习肤浅，满足于一知半解，不注意摸索学习规律，学习能力较弱，成绩不好等。

（三）学习过度焦虑

部分大学生存在着过度的学习焦虑情绪。具体表现在：

1. 学习中心理压力太大，情绪压抑。

2. 怀疑自己的学习能力，总担心自己学得不好，对可能取得的考试成绩顾虑重重，信心不足，忧虑过度，以至茶饭不思、失眠早醒。

3. 夸大学习中所遇到的困难，为此惶惶不安，焦虑万分。

（四）学习心理疲劳

学习心理疲劳表现为注意力不集中，思想迟钝，情绪躁动，精神萎靡不振，学习效率下降，错误增多，出现失眠等。造成大学生心理疲劳的原因是多方面的，如学习活动中不注意用眼卫生；学习内容单调，时间过长，生活缺乏劳逸结合；学习的内容难度较大，学习过于紧张，使大脑神经持续处于高度紧张状态；对学习缺乏兴趣、厌烦、畏难；或是由于受到其他因素的干扰，如家庭经济问题、思想问题等。

（五）考试焦虑和怯场

考试焦虑是指担心自己考试失败而忧虑的一种负性情绪反应，考试怯场是指考生在应试中的应激反应。考试焦虑容易分散和阻断注意过程，注意力不能集中，不能专注于学习和应试，而是专注于各种各样的担忧；考试过度焦虑妨碍记忆和回忆，使该记的记不住，想忆的忆不起；考试过度焦虑，还会使思维呆滞凝固，使具体思维能力无法正常发挥，创造性思维更无法进行。

考试紧张是一种正常现象，但是要"适度"。适度焦虑会使人的活动变得积极，思维变得清晰。"过度"紧张使人的活动受到抑制。考试怯场的主要原因是缺乏自信。这种缺乏自信是由于过去考试失败而造成了心理定势，生怕考试再遭失败而产生的心理压力。在现实生活中，我们经常看到这样的学生，在应试过程中紧张恐惧，思维迟钝，记忆力下降，甚至还引起生理上的不适，如腹泻、失眠、恶心等。这些都是考试心理偏差的表现。

六、大学生健康学习心理的培养

（一）进入角色，熟悉生活，提高自身适应能力

在现实生活中，每个人都要随着外界环境的变化，不断地调整自己的位置，使自己的需求和发展与社会的需求和发展相一致。这就是说，随着大学环境的变化，要使自己进入"角色"，在新的大学生活中寻找自己的方位，确立最佳位置。此外，培养自信心，在大学生学习中尤为重要。由于大学是人才云集之处，"能人"背后有"能人"，这就不可避免地使学生过去的优势变得不复存在，在现实的变化面前，由于心理承受能力差产生了自卑感，甚至失去了学习的信心，在这种情况下，必须培养自己的自信心。

（二）培养健康心理，提高学习效率

首先，要增强学习动力，主要是确立学习目标。目标能指导人的一切行动。进入大学，等于眼前的理想实现了，新的理想——目标又等待着自己去确立，这种新目标的确立要根据大学的学习规律，结合自己的实际，并且要进行新的努力。在目标的确定中应该注意使个人目标与社会责任联系起来，把近期目标与长远目标结合起来，否则这一目标就难以实现。其次，要培养学习兴趣。兴趣是情感的凝聚，一个人如果对某件事情感兴趣，那么，他就会深入持久地去做这件事，力争达到预期目的。兴趣对于大学生来说更为重要。它是求知的动力，热情的凝聚，行为的指向，成功的起点。但是，大学生的兴趣不是天生就有的，而是随着年龄的增长和实践活动的丰富来培养和发展的。所以，在学习中，大学生要善于发现激发自己兴趣的事情，努力培养这种兴趣。

（三）克服学习过度焦虑

第一，要正确地认识和评价自己的能力，调整自己的抱负水平和期望目标，使之切合自身和客观现实。第二，增强自信和毅力，不怕困难与失败，勇于迎接学习中的挑战，保持适度的自信心，克服虚荣心理。第三，加强心理调节，保持情绪愉快和稳定，探索、掌握切合自己特点的学习方法，遵循大学学习规律，以增进学习效果。

（四）预防、消除心理疲劳

劳逸结合是预防心理疲劳的重要措施。学习一段时间，应该休息片刻、放松一下，在学习之余，参加一些文体活动，使身心得到调节和放松，应培养广泛的兴趣和爱好，使生活内容丰富多彩，还应保证充足的睡眠时间。此外，要学会科学用脑，掌握学习效率最高的时间段。如有些人感到早上效率最高，有些人感到晚上学习效果最好，在这种情况下多用脑，就会事半功倍。

(五)正确对待考试,提高应试技巧

要充分认识到考试是衡量学习好坏的手段之一,也是教学的一个重要环节。但是,成绩并不完全、准确、真实地反映一个人的知识水准,特别是对能力的反映更不全面。所以,大学生应重视考试,但不能过分要求高分。要考得轻松,学得愉快。提高应试技巧,首先要做好考前准备,即认真复习,有计划,有安排,有轻重缓急。要合理安排时间,不要使大脑过度疲劳,以免影响学习水平。尤其是临考前几天应保持充足的睡眠,这样才能保证以清醒的头脑和充沛的精力走进考场。其次,要有应付"怯场"的办法,考试时先做确有把握的题,难题放在后面做,这样可以消除考试的紧张情绪。假如考试"怯场",可设法转移注意力,使大脑兴奋起来,诸如想一件令自己高兴的事,或者是做几次深呼吸,使情绪稳定后再答题。

第六章　常见心理疾病的早期发现

一、抑郁症

抑郁症是心境障碍的一个类型，是以显著而持久的情感或心境改变为主要特征的一组疾病。正常人可能会有一定的抑郁情绪、抑郁状态，但只是暂时性的，不具有病理性的特征。

1. 抑郁症的病理特征

显著而持久的心境低落；难以通过自我调节来有效控制；不能依靠他人安慰来有效缓解；不随环境改变而有效改变；除非自然缓解，必须药物治疗。

2. 抑郁症的临床表现

小薇出生在一个环境宽松的家庭，但她从小就内向，不喜欢家里有外人出现。她怕别人会破坏自己安宁的生活。由于不喜欢与人交往，上学、放学的时候，人们总是看见她一个人背着书包在路上走，这与她青春活泼的年纪形成了巨大反差。

上初中时，她就感觉与一般人不一样。原因是感觉不到别人那份喜悦的心情。许多时候，自己想快乐，但却总是莫名其妙感到闷闷不乐，怎么也快乐不起来。考试九十几分，老师表扬，好像也没有什么高兴的反应。

读高中后，做事提不起兴趣，小学时还和家人打打羽毛球、看看电视节目，慢慢发觉怎么也激不起内心的反应，以至于什么活动也不想参加。

而且总觉得心口气堵，全身乏力。家长以为是思想问题反复与其谈心，开导她，但没用。后来又外出旅游，帮她散心。她说，其实自己只是为了照顾"他们的情绪"才去，一点兴趣也没有。

高二时，小薇做任何事都提不起劲，特别烦别人的劝说，并为此发脾气，甚至摔东西。全家人都感到不可理喻。她开始自责，认为自己是个无用的人，"累人累己"，对前景毫无希望，认为任何人都帮不了自己。不久就产生了自杀念头。她认为一个人如果活着，应该开心，但却不能自控，"心里有压抑感""高兴不起来""心里难受"。

第一次自杀她选择了割脉。但由于自愧于父母的养育之恩，只割伤了手背。这可吓坏了家人，他们日夜守护着小薇，生怕她再次"犯傻"。看着父母焦心的神态，她下决心，一定要"改正"。可是心情却不由她自己。心情闷起来，天昏地暗，吃不下，睡不着，还欲哭无泪。实在忍无可忍，第二次自杀她服了一瓶在药店买的"安眠药"，但一点反应都没有，她不知道那可能是"假药"，反倒认为是上帝不要她死。

一年多时间来，她不去上学，也不想和任何人讲话，心像死了一样。家人问也不是，骂也不是，说也不是，不说也不是，她的父母焦急万分。

其实，小薇早已是一位典型抑郁症患者。小薇的表现符合抑郁症的"核心"症状：心境低落、兴趣和乐趣丧失、精力下降。生活中我们遇到这样的情况，千万别不当一回事，更不应该把他们当作"思想问题"处理。

接诊时，经过仔细询问还发现：小薇不但有完整的精神症状，还包含了许多躯体症状，主要有体重减轻、便秘、闭经等。抑郁症的生物症状包括：以早醒为特征的睡眠紊乱、性欲和食欲下降、体重下降、肠胃道功能紊乱症状、精神运动性抑制、晨重夜轻的病情节律等抑郁症的特征表现。小薇在患病后生物钟也发生改变，如出现早醒，早上天不亮便自动醒来，心慌胸闷，头重脚轻。到了夜晚，活动过后，反而感觉症状有减轻，医学上叫"晨重夜轻"，这是抑郁症的典型表现。

抑郁症的九大症状：兴趣丧失、无愉快感；精力减退或疲乏感；精神运动性迟滞或激越；自我评价过低、自责或有内疚感；联想困难或自觉思考能力下降；反复出现想死的念头或有自杀、自伤行为；睡眠障碍，如失眠、早醒或睡眠过多；食欲降低或体重明显减轻；性欲减退。

3. 抑郁症的自我干预

第一，抑郁的人最显著的一个特征就是一个人待在一个封闭狭窄的空间，比如自家的卧室、卫生间等，这时候，首先一定要改变这个习惯，要走出这个封闭的空间，走出家门，到外面去感受一下。最好去一些绿色植物茂盛、空气清新的地方，比较能够缓解心情。

第二，增加锻炼和运动的时间。最好是多增加一些户外的运动，比如爬山、跑步等，这不仅能锻炼体魄，还对调节心情非常有帮助，能够大大缓解抑郁症。

第三，睡眠质量不好也是抑郁症的一个表现，所以建议睡觉的时候不要想其他东西，想睡多久就睡多久，而且不用分时间，随时想睡了就睡，不要去专门想该怎么睡觉，自然而然，睡眠就会逐步改善。

第四，为自己找一点感兴趣的事物。因为抑郁症的人总是很茫然，不知道该干些什么，这时候，给自己找一些兴趣爱好，比如说出门摄影、绘画、看电影、逛公园等，可以转移一部分注意力，逐渐将注意力调节到生活工作中。

第五，平日里吃的食物最好是清淡一些的，多吃各类的蔬菜和水果，尽量少吃肉类，因为肉类吃多了容易燥，对心境影响不好。

第六，多与不同的人沟通，这一点是最有效、最直接的解开内心封闭的方法，一旦与人交流多了，心境自然而然会开阔起来，抑郁也会不药而愈。

第七，不要随便使用抗抑郁的方法或者药物，如果感觉情况有些严重，最好尽早去咨询专业医生。

心理委员工作中如果发现身边有同学或朋友出现抑郁症状，一定要及时报告学校心理健康教育中心，进行专业处置。

二、神经症

神经症是一类临床最常见的心理疾病，是由于大脑功能失调而引起的轻度精神障碍。包括以下几种疾病：恐惧症、焦虑症、强迫症等。

（一）恐惧症

恐惧就是对事物的一种害怕心态。害怕是我们人类得以生存的本能，可是"怕过了头"就不正常了，严重的就会发展成恐惧症这种疾病。恐惧症是一组以恐惧症状为主要临床症状的神经症，有三个表现：

第一，对所处环境感到莫名的害怕，并主动采取回避方式来解除其恐惧与焦虑。

第二，这种害怕的程度与实际危险存在较大差距，甚至并无危险。

第三，明知自己的恐惧与焦虑是过分的，没有必要、不合理的，但却无法控制，从而影响正常的生活和工作，内心有痛苦感。

大一的小丹，自从那次摸底考试后不久就休学回家了。原因是那次刻骨铭心的失败令其不敢进入课堂。

一向成绩不错的她，翻开试卷的时候发现有相当一部分考试内容自己完全没有准备过，心中发急，头发晕，顿时脊骨冰凉，冷汗淋漓，心脏狂跳，喘不过气，片刻即昏了过去。

醒后就躺在医院里了。

小薇休养了几天再回学校，就感到莫名的恐惧，上课时总是想昏倒的事，没法集中精力去听课。她知道那次考试是老师特意安排的难题，是考验大家的适应能力，最后全年级的同学都没有得高分，感受都差不多，而且事情已经过去了，没有必要害怕，但她还是不能自已。

后来发展到老师一关教室门，小薇就恐惧得心慌，喘不过气来，想大叫，直到狂奔出去，出去不一会就正常了。人人都觉得很奇怪，但没有人能理解。

再后来，只要一进教室，就心中发怵，安坐不下。

1. 我们要如何克服这种病症，有没有好的自我治疗方法呢？

（1）照镜子自我鼓励

有研究表明，每天照镜子的人，能够减轻孤独和恐惧，朝着镜子里面的自己进行自我鼓励，比方说"你是最棒的""你一定能够克服困难赢得胜利！"长此以往，就能培养起正面的自我暗示，当你产生恐惧的时候，通过回想这一画面，就可以更好地增强信心、战胜恐惧。

（2）放松身体，进而放松心理

当你精神紧张、心理恐惧的时候，身体自然就会做出反应，你的肌肉会紧绷、瞳孔放大又缩小，身体轻微颤抖。在这个时候，你可以通过放松身体，缓解这种外在的物理症状，来安抚内心，通过长久的练习，我们对身体的掌控越熟练，就越容易克服恐惧时的反应。

2. 恐惧症怎么自我治疗？

（1）系统脱敏法训练

系统脱敏法是一种克服恐惧感的常规方法，就是当你逐渐进入引起恐惧和焦虑的场景中时，同时给你正向的放松、愉快的刺激，让你在不断的训练中逐渐克服恐惧。可以根据自己恐惧的各种场景，按照从易到难进行排序，然后依次克服。持续锻炼下来，必然能够克服自己的恐惧症。

（2）代入的学习名人传记

在这个世界上，总有一部分意志力和智慧都远超常人的人，他们建功立业，推动了整个世界的进步，他们成为人所共知的名人。通过阅读这些名人的传记作品，我们可以从中体会到名人的成长历程和心理活动，培养和学习名人的思维角度，能够帮助我们更好地面对困难，激发前进的动力，引导我们走出恐惧的阴影。

（3）转移注意力

人的思维具有放大反应的能力，举例来说，有些伤心的往事你会越想越伤心。同样的，当我们经受恐惧的时候，我们的思维活动会引起我们过往的恐惧感受，导致应激程度越来越强烈。面对这种情况，需要有效地转移注意力，比如说努力设想一个阳光明媚的下午，想想曾经得到的暖心安慰，想想自己对自己说的鼓励话语。通过转移注意力，能够帮助我们降低对恐惧的关注，从而减轻恐惧强度。

（4）厌恶疗法

如果正向和抑制的方法不管用，也可以试试最简单的厌恶疗法。将一条橡皮筋套在手臂上，一旦产生恐惧感，就用力拉橡皮筋弹痛手臂，身体的疼痛能够强化精神耐受力，持续一段时间之后，没有橡皮筋的帮助再面对恐惧，感受就不会那么强烈了。

（二）焦虑症

焦虑症，是生活中最常见的一类心理疾病。焦虑症又称焦虑性神经症，是以广泛性焦虑症（慢性焦虑症）和发作性惊恐状态（急性焦虑症）为主要临床表现，常伴有头晕、胸闷、心悸、呼吸困难、口干、尿频、尿急、出汗、震颤和运动性不安等症状，其焦虑并非由实际威胁所引起，或其紧张惊恐程度与现实情况很不相称。

焦虑症与正常焦虑情绪反应不同：第一，它是无缘无故的、没有明确对象和内容的焦急、紧张和恐惧；第二，它是指向未来的，似乎某些威胁即将来临，但是来访者自己也说不出究竟存在何种威胁或危险；第三，它持续时间很长，如不进行积极有效的治疗，几周、几月甚至数年迁延难愈；第四，焦虑症除了呈现持续性或发作性惊恐状态外，同时伴有多种躯体症状。

简而言之，病理性焦虑是一种无根据的惊慌和紧张，心理上体验为泛化的、无固定目标的担心惊恐，生理上伴有警觉增高的躯体症状。

小媛，女性，19岁，某大学社会学专业学生。自幼学习上进，记忆能力较强，深受老师的器重，每逢市里的一些学科竞赛，学校都推荐她参加，这使得她的精神压力很大，她本人对数学兴趣不浓，但是教师仍然很看重她，她自己认为这是一种荣誉，是学校和老师对自己的器重，也不好违抗。考前一夜没睡，在考场上脑子很乱，原来复习过的内容也想不起来了，急得浑身出汗，心慌意乱，勉强交了试卷，考试失败。从此以后出现了睡眠障碍。

小媛考上大学以后，第一学期期末考试数学不及格，在中学学习时数学就不是强项，对数学不感兴趣，因而报考了社会科学专业，没想到这个系也要学习数理统计，数学和统计学在大一、大二两个学年都要学，这就给她带来了沉重的心理负担，每到期末考试临近就紧张焦虑，还伴有严重的睡眠障碍。

分析：该例是以考试焦虑为中心的心理障碍，伴有睡眠障碍，主要是由于心理负担太重，使小媛的情绪一直不能平静，反而更影响了复习的效果。

生活工作中，如何缓解自己的焦虑症呢？

（1）保证足够的睡眠。睡眠不规律或者是经常熬夜，会导致精神状态不佳，工作分心。人也会变得比较焦躁。

（2）要学会简化生活，把自己要做的事情简单化，去除掉一些不必要的因素，让自己生活得更加简单。

（3）平时生活中，经常保持微笑。笑一笑，烦恼都会少很多，平时可以看一些喜剧节目，让自己放松一下。

（三）强迫症

强迫症是一种以思维障碍为主的病症。就如电脑的程式出了问题，或感染了病毒，也好像旧电唱机的大胶片被划花了，唱来唱去都是那几句。其症状多样，往往令人不可思议。其特点是：

（1）有意识的自我强迫和反强迫并存，二者强烈冲突使来访者感到焦虑和痛苦。

（2）体验到观念或冲动源于自我，但违反自己意愿，虽极力反抗，却无法控制。患者也意识到强迫症状的异常性，但无法摆脱。

（3）患者的人格特征倾向于完美。

临床上强迫症状很多，但通常大致分为强迫观念和强迫动作两种。强迫观念就是指某些思想或某些想法不断地重复出现，明知没有必要，但就是不能摆脱，比如强迫性穷思竭虑就是一种强迫观念。除此之外，还有强迫怀疑：如来访者总怀疑门窗是否关上了，怀疑自己写的信是不是签上了名字；强迫对立思维：当来访者想到某一概念时，脑子里立刻出现相对立的概念；诸如强迫回忆，强迫性害怕丧失自控能力等。另外，还有强迫情绪、强迫意向等。比如一来访者走到高处，本来十分害怕，但却产生一种想往下跳的冲动；母亲抱着自己心爱的小宝宝，本十分疼爱，却产生要把孩子从阳台上扔下去的想法。当然，这种冲动或意向即使再强烈，也不会付诸行动。但来访者却非常害怕，万一扔下去怎么办？

强迫动作则是指来访者为了减轻因强迫观念所引起的焦虑，不由自主采取的各种相应的行为。比如强迫洗涤就是为了减轻怕脏所引起的焦虑而采取的强迫动作。另外，还有强迫检查：来访者反复检查门窗是不是关好了，信是不是签了名字，有没有错字，如果是医生，还会不断地检查处方是不是开对了，银行的职员则可以不断地重复清点钱是不是数对了；强迫询问：来访者一遍又一遍地要求别人为他解释某个问题，或为他做出某种保证；强迫性仪式动作：比如出门时非要一成不变的先迈几步，又后返几步才行，否则心情紧张、焦虑不安。还有人强迫数台阶、数楼层、数窗格子等。

她是一名普通大学生，近2年来不知何故染上一种毛病，总觉得周围都很脏，有很多的细菌，别人不能碰她一下，她也不摸别人的东西，如果不得已碰了别人的东西，马上就要洗手，而且一洗就没完没了，有时甚至要洗上1～2个小时，因为总洗，两手都变得起皮粗糙了，来访者称她明知道这样做没有必要，但就是控制不住，为此十分苦恼。

再看一名男来访者，他十分痛苦地告诉我们，每日脑子里都在拼命地想事，有时想1加1为什么等于2而不等于3？有时想到底是先有鸡还是先有蛋？有时又想宇宙究竟是怎么形成的？太阳系以外是什么？银河系以外是什么？河外系以外是什么？而且打破砂锅想到底，但又得不出结论来，以致于吃不好，睡不着，心烦起急，脑袋都痛了，自己真的不愿意总没完没了的想事，但就是摆脱不掉。

现在社会中患上强迫症的人越来越多，强迫症会给人造成很大的痛苦，那么怎样自我干预强迫症呢？

（1）一个人确定自己患上了强迫症，并且很严重时，就应该去看医生了，不要觉得很不正常，心理疾病在现在社会是很正常的，向医生说明病情，然后在医生的指导下治疗，这是很关键的。

（2）强迫症状出现的时候，不要与强迫思维进行斗争，这样你就掉进陷阱里面去了，你越去斗争强迫症就会越厉害，这时候最有效的办法就是转移注意力，去做别的事情。

（3）森田疗法。森田疗法认为："存在而不抵抗"，就是说不要去管强迫思维，让它存在，不去抵抗，然后带着强迫思维去生活，慢慢地，你就会发现强迫思维消失了，反之，你越抵抗它就越凶狠。

（4）戒除一些不好的生活习惯，比如整天胡思乱想、情绪低落等，长期保持这种状态会对精神产生不好的影响，这时候你应该让自己快乐起来、充实起来。

（5）找到自己的目标，或许你可以通过繁忙的工作减轻强迫思维，最终达到治愈强迫症的目的。

（6）强迫症患者应保持良好的心态，不要觉得强迫症是一种绝症，只要调整好状态，保持一个良好的心情，治疗强迫症就相当于成功了一半。

三、精神分裂症

一提精神分裂症，许多人就会想到那些喜怒无常、行为怪异、四处游荡的"疯子"。由于治疗比较困难，部分留有后遗症，影响工作、学习、结婚等，因此一定要争取早发现、早治疗。

精神分裂症的表现：

精神分裂症多在青壮年发病，起病往往较为缓慢，临床上可表现出思维、情感、行为等多方面的障碍以及精神活动的不协调。

17岁的阿军由辅导员带来。但他认为自己根本没什么病，却硬要被人逼着来看什么心理咨询。内心极不情愿，并发脾气。

他在咨询诊室坐着，辅导员进来反映：近一年多来，阿军人变懒了。经常睡过头，以至于常常迟到，甚至逃学，即使到了课堂，也发呆、傻笑，听不进老师讲的内容。经老师和家长反复做思想工作，有时也明白，但就是改不了。

近段时间，阿军干脆不上学，待在家里，不肯出门，也不主动说话，就是家人问到，非答不可，也只是只言片语。白天没人叫，就不主动吃饭。洗澡也需家人提醒。

晚上，他不睡觉，整晚上网，有时听见他在自己的房间里咯咯笑，问之则不答。如果有人反对他上网，就大发脾气。讲话也不再像以前那样有人情味，动不动就咒亲人去死，不肯打招呼、问好。整个人好似变了一个人，与过去积极向上的那个阿军判若两人。

我叫阿军进了咨询室，他坐在椅子上，眼睛却盯着窗外，面上没有一丝表情。问什么他都不答一声。不久，他嘴角动了一下，我马上问："你听见什么声音吗？"他回头望了我一眼。我再问："'他们'在说你什么？"他不答。我追问："我知道你听见一些人讲话，但看不见人，对吗？"他还是没反应。"他们正在议论你什么？"我又问。见他没回答，我继续深入："他们离你有多远，是在窗户的外面，还是在大街上？"

这时他才机械地回答："在我家。"

"有男人，也有女人吗？"

"都有。"他木木地答道。

"是关于学习的事？"

"不是。"

"是你们家的事？"我又问。

"是。"

"你爸爸、妈妈在什么地方？"我转了个话题。

"在澳洲。"

"什么时候走的？"

"前年。"

"那声音告诉你，有关他们的情况吗？"追问道。

"是。"

"他们有威胁你吗？比如说他们的坏话。"

"有。"他还是木无表情。

由上面的对话，我们知道阿军存在感知觉障碍，主要是听幻觉。我们还可以发现，阿军还存在思维障碍。主要表现为思维贫乏，联想数量减少，概念贫乏，语言单调，沉默寡言，回答问题机械刻板等。

精神分裂症的感知觉障碍主要表现为幻觉。幻觉是一种虚幻的知觉。它的特征是凭空产生，常见的有听幻觉，如凭空听到有人和自己讲话，甚至隔墙闻声，或是听到很远的地方传送过来的声音。

小强，男，20岁。因兼职与人发生争执，事后紧张、恐惧，在宿舍静坐或玩电脑的时候，时常听见隔壁有声音传过来。仔细聆听，好像有几个人在议论自己，令其恐惧。不久，那声音越听越清楚，指责他："那个坏蛋，我要告他，叫警察把他抓起来！打死他！"

虽然看不见人影，但声音非常真切，使其不敢出口问。

精神分裂症的思维障碍临床表现复杂多样，大致分为三个方面：思维联想障碍、思维逻辑障碍、思维内容障碍。

（1）思维联想障碍：主要表现在其速度、数量、结构和形式上。具体如下：

1）思维迟缓：也即联想抑制，指联想的速度缓慢、困难。这就好像将蜜糖从瓶子里倒出来一样黏滞不畅。来访者感到"脑子不灵了""反应变钝了"，思考问题的时候感觉吃力，应答迟缓。

2）思维中断：是指人在清醒状态下，无外界因素影响，突然出现头脑中空白，表现为交谈中忽然哑然不语。片刻，续以新的内容。

这一现象有些像播放 DVD 时碰到解码不完全的情况一样。我们会发现电视屏幕上会突然定格，出现一些色彩不均的方块，停留数秒或更长时间后，又重新开始播放，然而内容却已转到了别的地方。这种障碍患者本人完全不能支配。

3）思维贫乏：许多来访者医好了后叙述那种感受是头脑空虚，无话可说，就像被人洗了脑一样。

4）强制性思维：或称思维云集，是指思维不受控制，从脑内强制性地涌现出大量毫无现实意义的联想。往往突然出现，并迅速消失，像云团涌出一样，多得连患者自己都不知道想了些什么。

（2）思维逻辑障碍：主要表现为逻辑推理过程的紊乱，在概念的形成到逻辑基本规律的运用中都可以发生。有的还存在语法和文字结构的错乱，使思维变得十分荒诞离奇、脱离实际。常见的形式有以下几种：

1）思维松弛：又称思维散漫。虽然来访者的语言运用方法和结构没有问题，但思维活动表现为散漫，回答问题不中肯，令人感到交谈困难，吃力，或者表现不合节拍，不易理解，甚至答非所问。

例如：

如一位退休教师患病后，医生问她："早上什么时候起床？"

她回答："昨晚做了个梦，梦见有人将手伸进棉被里，抓我的脚，我起身穿上衣服，洗脸，刷牙，做运动，上街买菜，回来后……"

医生纠正她。她好像突然清醒，又说："我儿子开公司，卖五金交电产品。"

再回答，还是答不到正题。

2）思维破裂：较思维松弛严重，来访者在意识清醒的情况下，思维过程破裂，语言间缺乏内在的连贯性和应有的逻辑性。主题与主题之间，上文与下文之间，甚至语句之间都缺乏内在联系。

例如：

"煮饭就是太阳出来了！"
"有人抓我就要开花！"
"森林大火，把卫星读成小卖部，头上的星星在歌唱我们今天不吃饭。"

3）象征性、对立性思维：正常人也有象征性思维，如鸽子代表和平、玫瑰代表爱情等。但能为人理解，不表示病态。

病态的象征性思维多为概念转换，以无关的具体概念来代表某一抽象概念，不经来访者自己说明，旁人无法知晓。对立思维是指患者一想到某事物就想到这个事物的反面。

例如：

"白色的反义词是黑色。"
"我是吃红番茄！我要赤胆忠心，一颗红心，两手准备。"——象征性思维。

(3) 思维内容障碍：即妄想。妄想是精神分裂症中最常见、最重要的症状。其内容一般常与个人经历的社会文化背景密切相关，严重影响人的正常生活秩序。

1）被害妄想：来访者坚信某些人或某些集团对其进行不利活动，如跟踪、监视、陷害，对其人身、家人和财物进行打击、破坏。如：认为有人在饭里下毒，想毒死自己。来访者受妄想支配拒绝进食，或只吃自己亲自煮的饭菜，喝自己烧的水。甚至为此控告、逃跑。更严重的还会产生自伤、自杀、伤人、毁物等冲动行为。

2）关系妄想：来访者将环境中与他无关的事物一概认为与其有关。如别人的一举一动，包括咳嗽、讲话、眨眼、哼鼻，甚至电视电影里的情节，电台里的话语也是针对来访者而制造的。

例如：

有一女性患者在等公共汽车的时候，听到一老翁对其女儿说："回家杀只鸡，煲点汤喝。"患者当即不快，感觉老翁是含沙射影、指桑骂槐，说自己是"鸡"（妓女）。后又见对方朝地下吐口水。认为是有意挑衅，遂上前殴打老翁。

3）影响妄想：又称被控制妄想。来访者认为其身体、思想、情感、动作受外界某种力量支配或操纵。包括宗教中的神、鬼或神秘力量，如气功。也包括现代科技产品，如无线电、电磁波、射线、因特网、窃听器等。

4）夸大妄想：来访者坚信自己具有非凡的才智、地位和权势，是天才的发明家，认为自己是某名人的后代。或者相信目前虽然不是，但今后一定是。此种妄想多发生在情感高涨的背景下，与一贯的生活环境和文化经历及目标理想有关。

例如：

有一中年妇女，身材瘦小，自幼受人欺负，一心想做警察。发病以后，自认为已经是警察，或者便衣警察。她自制红袖套和证件，日夜到公共场所"值勤"，不停地对周围的人群发号施令。甚至对前来阻止的民警说："你们怎么搞的，见到领导也不报告？"

5）罪恶妄想：来访者毫无根据地坚信自己犯了严重的错误，给别人或单位，甚至国家造成了无可挽回的损失，认为自己罪恶滔天，死不足惜，并为此痛苦不已。

6）嫉妒妄想：来访者坚信自己的配偶对其不忠实，有外遇，因而经常跟踪、监视，甚至反复盘查。如仔细检查对方的衣物有没有不属于自家的东西，有没有特殊气味，有没有口红印迹，口袋里有没有什么信物等。

有这种妄想的来访者，经常借故待在家里，或中途早退，目的就是为了监视对方的行动。他们爱尾随对方左右，提出诸多苛刻的条件限制对方，如不准与异性讲话。当对方一定得单独出门的时候，时常要求其准时回家，稍迟即大吵大闹。不听劝解。

7）钟情妄想：也就是老百姓称的"桃花疯"或"花痴"。来访者坚信自己被某异性钟爱，对方的一举一动、一言一行都是在向自己表达爱意。即使遭到对方的严词拒绝，也认为是对方爱面子，或有意考验自己，并始终纠缠不休。

8）内心被揭露：也称被洞悉感。临床上比较常见。来访者认为其所想的事不经口说或文字形式，就感觉周围的人都知道一样。这类来访者如果想到一些不健康或不道德的事，就会心神不宁，总认为别人已经看穿自己龌龊的心灵，因此紧张恐惧，甚至为此自杀。

9）情感障碍：主要表现为情感淡漠。多指来访者对外界任何刺激都缺乏相应的情感反应。表现为表情呆板、不哭不笑、静若止水，对周围的事物漠不关心，甚至六亲不认。部分患者会在幻觉妄想的支配下，出现情感过激的反应。

10）意志和行为障碍：包括意志减退和紧张综合症。

意志减退：指没有意志活动或极少意志活动。来访者对任何活动都缺乏动机和要求，没有工作学习的自觉性，故他们生活中也极其懒散，甚至不愿主动吃饭、洗澡、刷牙等，行为孤僻、退缩。常常与思维贫乏、情感淡漠同时出现。

紧张综合症：精神运动性兴奋。来访者的日常活动明显增多，与思维情感增多相一致。这种兴奋易产生冲动，给社会和他人造成伤害；精神运动性抑制——是指整个精神活动降低，言语动作迟缓、怪异、不协调。常见的有木僵状态、模仿动作、刻板行为。

精神分裂症的患者，药物治疗是主要的方法，但是积极主动地自我调适也是不容忽视的一个重要方法。

（1）接受现实，树立信心。人生是不可预测性的，充满了各种不幸和逆境。当我们打开电视、阅读报纸时，每天都会看到各种人间的不幸。癌症、脑中风、车祸、地震、洪水、战争、种族冲突等，每天都有大量的人员遭受痛苦或者受伤、死亡。所以说，一个人在一生中，都有可能遇到这样或那样的不幸。精神分裂症是一种疾病，得病与否不是患者的意志力所能控制的，因而得病不是你的错，也不能说明你的道德或智力有问题。因为只要合理用药，坚持用药，保持健康的心理状态，大多数患者完全可以控制症状或者带症状生存，甚至正常生活和工作。因此，要敢于接受现实、面对现实，相信科学，增强自己与疾病作斗争的信心。

（2）积极配合治疗。要冷静接受已患病的现实，积极配合医生进行治疗。要有长期治疗的思想准备，定期复查，不随便停药减量。了解病情复发的规律和复发的先兆症状，在生活和工作中，有意改变自己的不良性格，减少危险因素，增加保护性因素。

（3）调动自己的潜能，积极交往和劳动，培养良好的性格和心理承受能力。在急性期和巩固治疗期间，整个治疗过程由精神科医生为主导，进入维持期用药以后，由于治疗的长期性，患者本人的主观能动性的作用显得越来越重要。此期患者的阴性症状较明显。主要表现为生活懒散，个人卫生差，不愿与人交往，不愿意承担责任，对家人不关心，个人爱好和兴趣减少，做事主动性差，工作责任心下降等，这些症状目前尚无特别好的药物可以治疗。因此，根据"用进废退"的原理，精神分裂症患者在此期不可心存"养"病的思想，像"心脏病"患者那样，整日躺于家中，无所事事，相反，更应该下床，走出去，积极与人交往，培养亲情和友情，多多参加生产、社会实践，增强责任意识和主动意识，防止丧失已获得的能力，加重阴性症状。

（4）积极调整自己的情绪。情绪与人的心理健康密切相关，特别是负性的情绪（焦虑、恐惧、抑郁、愤怒等），往往影响疾病的治疗效果，甚至导致疾病复发或症状加重。所以，在维持用药期间患者要注意自己的情绪，不要过分焦虑、紧张、悲观和抑郁。要学会向家人或朋友倾诉，或转移目标，做自己感兴趣的事情，通过积极的行为方式改变自己负性的情绪。

（5）寻求家人和社会的支持。社会支持是一个人抵御心理疾病、防止心理崩溃的重要资源。要善于利用自己可利用的家庭和社会资源来帮助自己克服困难、调整心态，平稳地渡过难关。可通过电话寻求亲人、朋友、同事甚至心理医生的帮助，及时处理自己的情绪问题或心理问题。

第七章 心理危机干预

一、心理危机概述

心理危机是指由于突然遭受严重灾难、重大生活事件或精神压力，使生活状况发生明显的变化，尤其是出现了用现有的生活条件和经验难以克服的困难，以致使当事人陷于痛苦、不安状态，常伴有绝望、麻木不仁、焦虑，以及植物神经症状和行为障碍。心理危机干预是指针对处于心理危机状态的个人及时给予适当的心理援助，使之尽快摆脱困难。

1. 大学生心理危机常见原因

急性残废或急性严重疾病；恋爱关系破裂；突然失去亲人（如父母、配偶或子女）或朋友，如亲人或朋友突然死亡或关系破裂；失去心爱的物品；破产或重大财产或住房损失；重要考试失败；严重自然灾害，如火灾、洪水、地震等。

每个人对严重事件都会有所反应，但不同的人对同一性质事件的反应强度及持续时间不同。一般的应对过程可分为三阶段：

第一阶段：立即反应，当事人表现为麻木、恐慌、否认或不相信；

第二阶段：完全反应，感到激动、焦虑、痛苦和愤怒，也会有罪恶感、退缩或抑郁；

第三阶段：消除阶段，接受事实并为将来做好计划。危机过程持续不会太久，如亲人或朋友突然死亡的居丧反应一般在6个月内消失，否则应视为病态。

2. 大学生心理危机的常见类型

（1）心理反应。

1）急性疾病时的心理反应：首先是焦虑，当事人感到紧张、忧虑、不安。严重者感到大祸临头，伴发植物神经症状，如眩晕、心悸、多汗、震颤、恶心和大小便频繁等，并可有交感神经系统亢进的体征，如血压升高、心率加快、面色潮红或发白、多汗、皮肤发冷、面部及其他部位肌肉紧张等。其次是恐惧，当事人对自身疾病，轻者感到担心和疑虑，重者惊恐不安。再次是抑郁，因心理压力可导致情绪低落、悲观绝望，对外界事物不感兴趣，言语减少，不愿与人交往，不思饮食，严重者出现自杀观念或行为。

2）慢性疾病时的心理反应：第一是抑郁，多数心情抑郁沮丧，尤其是性格内向的当事人容易产生这类心理反应。可产生悲观厌世的想法，甚至出现自杀观念或行为。第二是性格改变，如总是责怪别人、责怪老师同学未精心照顾，埋怨家庭未尽心照料等，故意挑剔，常因小事勃然大怒。他们对躯体方面的微小变化颇为敏感，常提出过高的照顾要求，因此导致师生关系及家庭内人际关系紧张或恶化。干预原则为积极的支持性心理治疗结合药物治疗，以最大程度减轻其痛苦。

（2）恋爱破裂。失恋可引起严重的痛苦和愤懑情绪，有的可能采取自杀行动，或者把爱变成恨，采取攻击行为，攻击恋爱对象或所谓的第三者。干预原则为与当事人充分交谈，指出恋爱和感情不能勉强，也不值得殉情，而且肯定还有机会找到自己心爱的人。同样，对拟采取攻击行为的当事人，应防止其攻击行为。指出这种行为的犯罪性质以及可能带来的严重后果，因此既要防止当事人自杀，也要阻止其鲁莽攻击行为。一般持续时间不长，给予适当的帮助和劝告可使当事人顺利渡过危机期，危机期过后相当长一段时间内，当事人可能认为世界上的女人（或男人）都不可信，产生很坏的信念，但这不会严重影响其生活，而且随着时间的迁延会逐渐淡化。

（3）悲伤反应。与死者关系越密切的人，产生的悲伤反应也就越严重。亲人如果是猝死或是意外死亡，如突然死于交通事故或自然灾害，引起的悲伤反应最重。

1）急性反应：在听闻噩耗后陷于极度痛苦。严重者情感麻木或昏厥，也可出现呼吸困难或窒息感，或痛不欲生、呼天抢地地哭叫，或处于极度的激动状态。干预原则为将昏厥者立即置于平卧位，如血压持续偏低，应静脉补液。情感麻木或严重激动不安者，应给予 BZ 使其进入睡眠。当居丧者醒后，应表示同情，营造支持性气氛，让居丧者采取符合逻辑的步骤，逐步减轻悲伤。

2）悲伤反应：在居丧期出现焦虑、抑郁或自己认为对待死者生前关心不够而感到自责或有罪，脑子里常浮现死者的形象或出现幻觉，难以坚持日常活动，甚至不能料理日常生活，常伴有疲乏、失眠、食欲降低和其他胃肠道症状。严重抑郁者可产生自杀企图或行为。干预原则为让居丧者充分表达自己的情感，给予支持性心理治疗。对有自杀企图者应有专人监护。

3）病理性居丧反应：如悲伤或抑郁情绪持续 6 个月以上，明显的激动或迟钝性抑郁，自杀企图持续存在，存在幻觉、妄想、情感淡漠、惊恐发作或活动过多而无悲伤情感，行为草率或不负责任等。干预原则为适当的心理治疗和抗精神病药、抗抑郁药、抗焦虑药等治疗。

（4）经济损失。近年来，随着网络借贷在大学校园的泛滥，很多大学生卷入不同层次不同类型的网络借贷中。经济损失使当事人极度悲伤和痛苦，感到万念俱灰而萌生自杀的想法，并进一步采取自杀行动。干预原则是与当事人进行充分交流，分析其自杀并不能挽救已经发生的经济损失，只有通过再次努力才能重建生活。如果通过语言交流不能使病人放弃自杀企图，应派专人监护，防止当事人采取自杀行动。渡过危机期后，当事人可能逐渐恢复信心，可能在一段较长的时间内出现情绪低落、失眠、食欲降低或其他消化道症状，可给予支持性心理治疗和抗抑郁药治疗。

（5）考试失败。对个人具有重要意义的考试失败可引起痛苦的情感体验，通常表现为退缩、不愿与人接触，严重者也可能采取自杀行动。干预原则为对自杀企图者采取措施予以防止。大学校园比较容易发生这类情况，青年大学生可塑性大，心理危机过后大多能重新振作起来。

3. 干预目的

（1）防止过激行为，如自杀、自伤或攻击行为等。

（2）促进交流与沟通，鼓励当事者充分表达自己的思想和情感，鼓励其树立自信心，进行正确的自我评价，提供适当建议，促使问题解决。

（3）提供适当医疗帮助，处理昏厥、情感休克或激惹状态。

二、自杀

自杀是指个体在复杂心理活动作用下，蓄意或自愿采取各种手段结束自己生命的行为。自杀是一种复杂的社会现象。

自杀不是突然发生的，它有一个发展的过程。自杀过程一般经历：产生自杀意念→下决心自杀→行为出现变化、思考自杀的方式→选择自杀的地点与时间→采取自杀行为。对于不同年龄、不同个性、不同情境下的人，自杀过程有长有短。我国学者一般把自杀过程分为三个阶段：第一阶段是自杀动机或自杀意念形成阶段，表现为遇到难以解决的问题，想逃避现实，为解脱自己而准备把自杀当作解决问题的手段；第二阶段是矛盾冲突阶段，产生了自杀意念后，由于求生的本能会使打算自杀的人陷入生与死的矛盾冲突之中，从而表现出谈论自杀、暗示自杀等直接或间接表现自杀企图的信号；第三阶段是自杀行为选择阶段，从矛盾冲突中解脱出来，决死意志坚定，情绪逐渐恢复，表现为异常平静，考虑自杀方式，做自杀准备，如买绳子、搜集安眠药等。等待时机一到，即采取结束生命的行为。

1. 自杀的线索

（1）言语方面

直接说：

"我希望我死去。""我不想再活下去了。"

间接地说：

"我所有的问题都将结束了。"

"如果我不在了,每个人都会更好的。"

"现在没有人能帮助我。"

"我真的不能再忍受下去了。"

谈论有关自杀的话题,或开此类的玩笑;描述有关自杀的方法或计划。

表达无助或无望。

与他人进行告别。

(2)行为方面。抑郁,悲伤。

缺乏精力。

睡眠习惯改变(增多或减少)。

食欲改变(增强或降低)。

原来是个好学生而现在留级,或过去对学习不感兴趣而现在突然对学习发生兴趣。

烦躁并激越。

不能集中注意力(变得厌烦及坐立不安)。

既往有自杀未遂史或他们认识的人中出现过自杀的人。

总是想到死。

将自己的东西送给他人,将自己的事物整理得井井有条。

出现增强危险的动作(如:鲁莽驾车)。

经常发生意外事件(意外可导致自杀未遂)。

变得不安及活动过多。

与家人或朋友的关系疏远。

对兴趣、爱好、运动、工作等丧失了兴趣。

对自己的身体、着装打扮丧失了兴趣。

2. 关于自杀的错误观念

关于自杀,以讹传讹的错误认识实在太多。我们必须先认清这些假象并了解事实,才能在面对有自杀企图的人时,避免因错误观念而无法有效预防。

错误观念1：嘴巴上说要自杀的人不会真的自杀。

事实是：估计约有80%的自杀死亡人士，生前曾谈到他们的自杀想法。我们必须严肃地看待那些威胁说他们想自杀的人。

错误观念2：不提还好，提起自杀反倒提醒人们采取自杀方式。

事实是：对本来就想自杀的人而言，向别人说出他们的想法是对预防自杀强有力的帮助。而对那些还没想到要自杀但明显表现出焦虑或沮丧的人，也是很好的预防措施。

不过在有些情况下，间接的方式可能比直截了当的提到自杀好。我不会直接对某些人谈到"自杀"两个字，但会间接地问一些问题，如："你最近好像有点情绪低落，是不是曾想过做出什么伤害自己的事？"或"有没有想过做一些傻事？"

错误观念3：自杀是无预警的。

事实是：自杀是一连串过程后的结果，甚至可以追溯到好几年前。自杀者通常先计划好他的自杀方式，并且会露出蛛丝马迹。

错误观念4：所有的自杀者都有精神上的疾病。

事实是：虽然所有的自杀者可能都不快乐、焦虑及烦躁，但不能就此断定所有自杀身亡的人都有精神上的疾病。

错误观念5：自杀倾向是遗传的。

事实是：这一点争论甚多。现在似乎有些证据显示，某些基因因素造成家族性的自杀倾向。就算排除基因影响的因素，一个家族中若有人自杀，那么家族中其他成员自杀的机会也很大。换言之，这个错误观念似乎不全然是假象，也有真实的成分。

错误观念6：一旦有过自杀倾向，就会不断地想自杀，没有人能帮得上忙。

事实是：自杀危机一般都非常短暂，只要有人中途介入并经过治疗，他可能永远不会再有自杀的想法。虽然如此，也有约10%的企图自杀者最后还是自我终结生命。需要说明的是，所有企图自杀的人中只有10%自杀成功而身亡；所有自杀成功而身亡的人中，约有 45% 的人过去曾多次企图自杀。

错误观念 7：想自杀的人都一心一意求死。

事实是：大部分想自杀的人心中都很矛盾，他们想死，可是他们也想活。

错误观念 8：未留下遗书者不算自杀。

事实是：只有约 1/3 的自杀身亡人士会留下遗书。

错误观念 9：沮丧过后，自杀危机也就解除了。

事实是：自杀最危险的时期发生在极度沮丧过后头三个月。许多人过度沮丧，心灵重获喜乐平静后，反而促使他们必须以自杀来真正解决自己的问题。

错误观念 10：穷人比富人较可能自杀。

事实是：自杀无社会经济地位差别，也没有身份差别。特定社会经济人群的自杀比率特别高于其它人群。

错误观念 11：酗酒人士通常不会自杀。

事实是：自杀和酗酒关系密切，估计有 1/5 的酗酒人士最后死于自杀。也有许多非酗酒者会在死前喝下大量的酒。

错误观念 12：想自杀的人不会寻求医生帮助。

事实是：几个研究显示，75% 自杀身亡的人在自杀前三个月内曾向医生寻求过帮助。

不要认为自杀这种心理可以自己慢慢消除。自杀的征兆一直以来都是自杀者对周围人发出的求助信号！

3. 常见的自杀危险较高的学生类型

遭遇突发事件而出现心理或行为异常的学生，如家庭发生重大变故、遭遇性危机、受到自然或社会意外刺激的学生。

患有严重心理疾病，如患有抑郁症、恐怖症、强迫症、癔症、焦虑症、精神分裂症、情感性精神病等疾病的学生。

既往有自杀未遂史或家族中有自杀者的学生。

身体患有严重疾病、个人很痛苦、治疗周期长的学生。

学习压力过大、学习困难、考试不及格而出现心理异常的学生。

个人感情受挫后出现心理或行为异常的学生。

人际关系失调后出现心理或行为异常的学生。

性格过于内向、孤僻、缺乏社会支持的学生。

严重环境适应不良导致心理或行为异常的学生。

家境贫困、经济负担重、深感自卑的学生。

由于身边的同学出现个体危机状况而受到影响，产生恐慌、担心、焦虑、困扰的学生。

因沉重的就业压力而出现心理或行为异常的学生。

因网络成瘾而出现心理或行为异常的学生。

直接或间接有过自杀、出走的暗示或威胁，亲友中有自杀行为的学生。

因考试作弊、偷窃等违纪违法行为受处理而出现心理与行为异常的学生。

有社会破坏性行为、伤害他人倾向的学生。

其他有情绪困扰、行为异常的学生。

休学复学的同学。

尤其要关注上述多种特征并存的学生，其危险程度更大，应成为重点干预的对象。

4. 如何帮助有自杀征兆的人

保持冷静和耐心倾听。

让他／她倾诉自己的感受。

认可他表露出自己的情感，也不试图说服他们改变自己。

询问他们是否想自杀："你是否觉得那样痛苦、绝望，以至于想结束自己的生命。"

相信他说的话；当他说要自杀时，应认真对待。

如他要你对其想自杀的事情予以保密，不要答应。

让他相信他人的帮助能缓解面临的困境，并鼓励他们寻求帮助。

说服其相关人员共同承担帮助他的责任。

如果你认为他当时自杀的危险性很高，不要让其独处，要立即陪他去心理卫生服务机构或医院接受评估和治疗。

对刚刚出现自杀行为（服毒、割腕等）的人，要立即送到最近的急诊室进行抢救。

5. 如何劝解自杀者

遇到有人跳楼、跳桥、跳河等突发情况，目击者要以关心、尊重的口气劝说自杀者先从高处下来，除了告诉他有事好商量外，对于其提出的不合理要求可以暂时答应下来。

劝说时，尽量让自杀者开口将自己的难题讲出来，并尽量要把对话进行下去，此时可以找些能触动自杀者的话题，比如"你现在最割舍不下的是什么""父母多大年纪了"等，注意不要说教，不要评价他的行为，要着重强调自杀者自身存在的价值。

目击者应该迅速拨打110、120等紧急电话，并在自杀者可能跳下来的地方做好张网、铺垫等工作，以防万一。

进行劝解时要让自杀者有这样一个牢固的观念：自杀获救还可以抚平对亲友的伤害，弥补错失，如果真的自杀身亡，那才真的是不可原谅。

不要给出诸如"一些都会好转的""不要胡思乱想"等没有实质性内容的建议，不要与自杀者争辩。

切忌聚众起哄看热闹，更不能用"你倒是跳啊"之类的言语刺激自杀者。

三、大学学生突发事件应急处理流程图

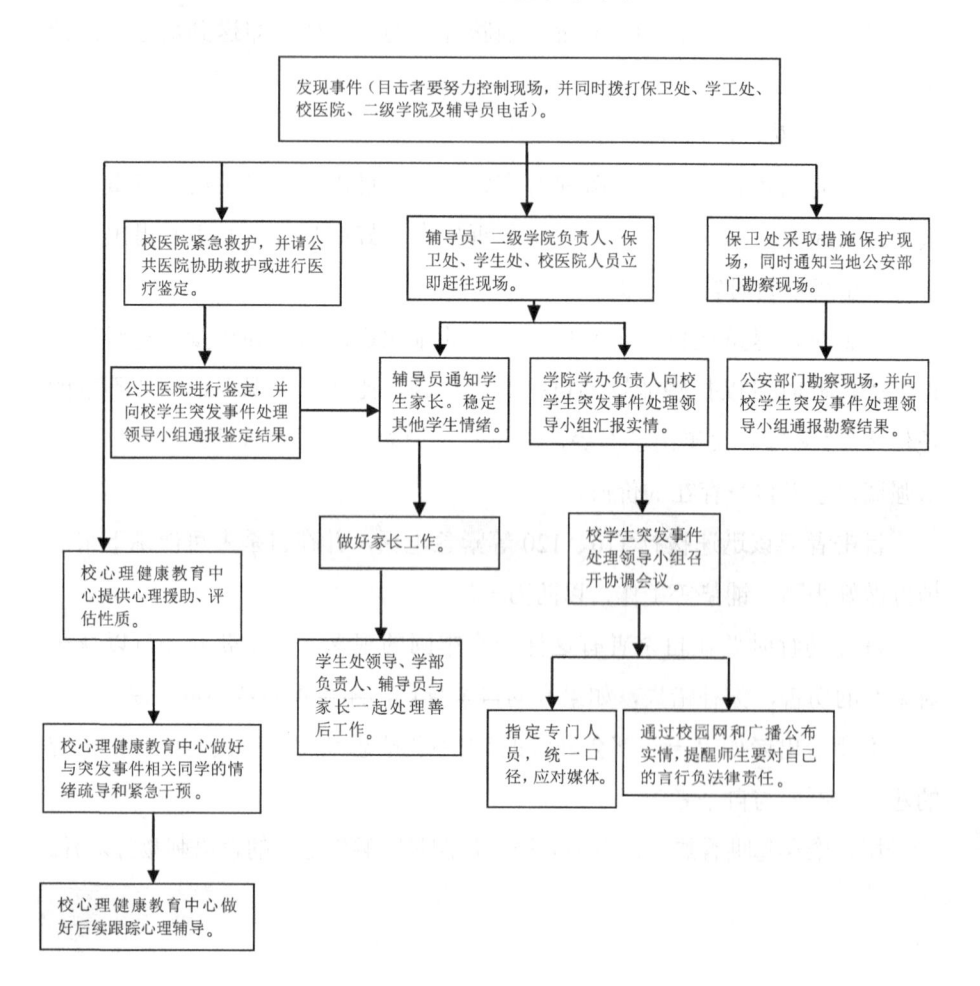

```
发现事件（目击者要努力控制现场，并同时拨打保卫处、学工处、校医院、二级学院及辅导员电话）。
                    │
    ┌───────────────┼───────────────┬───────────────┐
    ▼               ▼               ▼               ▼
校医院紧急救护，   辅导员、二级学院   保卫处采取措施保护现场，
并请公共医院协助   负责人、保卫处、   同时通知当地公安部门
救护或进行医疗     学生处、校医院人   勘察现场。
鉴定。             员立即赶往现场。
    │               │               │               │
    ▼               ▼               ▼               ▼
公共医院进行鉴定， 辅导员通知学生   学院学办负责人向   公安部门勘察现场，
并向校学生突发事件 家长。稳定其他   校学生突发事件处   并向校学生突发事件
处理领导小组通报   学生情绪。       理领导小组汇报实   处理领导小组通报勘
鉴定结果。                          情。               察结果。
    │               │               │
    ▼               ▼               ▼
校心理健康教育中心 做好家长工作。   校学生突发事件处
提供心理援助、评                    理领导小组召开协
估性质。                            调会议。
    │               │               │
    ▼               ▼       ┌───────┴───────┐
                            ▼               ▼
校心理健康教育中心 学生处领导、学部 指定专门人员，    通过校园网和广播
做好与突发事件相关 负责人、辅导员与 统一口径，应对    公布实情，提醒师
同学的情绪疏导和   家长一起处理善   媒体。            生要对自己的言行
紧急干预。         后工作。                           负法律责任。
    │
    ▼
校心理健康教育中心
做好后续跟踪心理辅
导。
```

第八章 Q&A

在大学期间，同学们在生活和学习中经常会遇到一些心理问题。通过设立心理委员，可以更加方便同学进行心理咨询，加上同学之间性格彼此了解、接触较多，彼此更容易发现所存在的心理问题。心理委员还能协助老师做好心理工作，能把同学们的心理问题更快捷地反映到心理咨询老师那里，起到绿色沟通渠道作用。关于"心理委员"的有关问题做如下解答：

1. Q：心理委员是学生，学生没有心理学专业知识，他们能指导其他同学吗？

A：心理委员的职能主要是把所发现的本班同学的严重心理问题，特别是把对自己或他人可能带来伤害的心理问题及时反馈给所在院系的辅导员或校心理心健康教育中心的心理咨询师。尽管心理委员没有接受过心理学专业的教育，但他们在上岗前都接受过学校组织的专业培训。而且心理委员的主要职能不在于从专业上"指导其他学生"，而是重在"下情上达"的作用。

2. Q：比较担心心理委员不能保密而泄露隐私，面对此问题应该怎样解决？

A：在心理委员的培训中，心理委员的工作职责的第一条就规定了"保密职责"是心理委员的最基本原则。心理委员所涉及的同学信息都是保密的，心理委员提交给所在学校的辅导员与校心理咨询中心的同学信息资料也都是保密的。

3. Q：心理委员是本班同学的同龄人，大学生的内心秘密是不是不应该被同龄人干涉？

A：设立心理委员的目的，不是为了干涉同学的内心秘密，而是防止在同学中发生严重的突发性心理危机，避免同学们自身受到伤害或受到他人不必要的伤害，为同学们的身心健康增加一份可靠的保障。

4．Q：未经过专业训练的心理委员会不会"帮倒忙"？

A：首先，心理委员都是经过专门培训的，不存在"经过专业训练的心理委员"与"未经过专业训练的心理委员"之分。其次，心理委员的工作职责是非常明确的，他们的主要职责在"下情上达"。心理委员对本班同学心理方面是有一定帮助的，因为心理委员在执行此帮助功能时，完全是按照《校心理委员工作手册》的"心理咨询基本技能"等操作要求进行的。

5．Q：心理委员会不会使心理问题扩大化？

A：不会。心理委员的作用在于尽早发现同学们的心理问题，并通过合理的途径化解同学们的心理困惑，使大学生们在整个大学期间生活得更加幸福快乐，不存在使心理问题扩大化的情况。

6．Q：同辈人的经历基本相同是不是难以胜任此职？如果真的有问题找学校心理咨询老师不就行了？

A：心理咨询老师与心理委员所扮演的角色不一样，心理委员重在发现问题，心理咨询老师重在解决问题。在一定意义上说，心理委员是心理咨询老师的延伸。

7．Q：心理委员会不会导致班委机构臃肿？

A：心理委员作为班委成员，纯粹从数量上看确实是使班委人数增加了。但是，我们清楚地发现，心理委员作为专职服务于他人的角色，在全班同学的心理健康方面有着重要的作用。而且大学是锻炼学生综合能力、培养高素质人才的场所，心理委员的设立对于提高学生之间的人际知觉能力等具有重大作用。另外，心理委员反映问题的途径快捷，危机干预效果快速明显。因此，心理委员的增设不会导致班委机构臃肿。

8．Q：如果班级同学不信任心理委员，不找其寻求帮助，怎么办？

A：同学不信任心理委员的根本原因，是同学们不了解心理委员到底是做什么的，误认为心理委员就是传话筒、窃听器，会戴着有色眼镜看人，其实不然，所以我们要加强心理健康的宣传，让大家正确认识心理委员，以避免此类情况的发生。

　　心理委员制度的实践表明，心理委员的作用是积极的。目前，全国几乎所有高校均已成立具有心理委员编制的新班委。心理委员正在为提高大学生的综合心理素质起到越来越大的作用。

附　　录

附录一：我们身边的心理咨询机构和热线信息

全国心理危机干预热线电话	800-810-1117 （手机 IP 分机用户可拨打 010-82951332）
北京市心理危机研究与干预中心	座机：800-810-1117　010-62716497 传真：010-82951332 邮箱：bjcrisis@126.com
武汉市精神卫生中心、"心心语"心理咨询热线	热线：027-85844666

附录二：某民办高校心理健康教育实施办法

为贯彻落实《中共中央、国务院关于进一步加强和改进大学生思想政治教育的意见》（中共〔2004〕16号）和《教育部、卫生部、共青团中央关于进一步加强和改进高校大学生心理健康教育的意见》（教社政〔2005〕1号）及《湖北省高校大学生心理危机干预及自杀预防实施方案（试行）》有关文件精神，进一步加强和改进我校大学生心理健康教育工作，促进我校大学生健康成长，提高我校大学生的综合素质，结合我校实际，特制定《校心理健康教育实施办法》。

一、指导思想和工作目标

1. 以邓小平理论和"三个代表"重要思想为指导，全面贯彻党的教育方针，以落实科学发展观，构建和谐社会为前提，全面推进素质教育，以提高我校大学生的心理素质为重点，促进学生全面发展、健康成长。

2. 坚持以辩证唯物主义和历史唯物主义为根本，坚持科学性原则，防止唯心主义、封建迷信和伪科学的干扰，确保大学生心理健康教育工作的正确方向。

3. 坚持面向全校全体学生，坚持正面教育，根据学生身心发展特点和教育规律，提高我校大学生适应社会生活的能力，培养大学生良好的个性品质和自尊、自爱、自律、自强的优良品格，增强大学生克服困难、经受考验、承受挫折的能力，促进大学生心理素质、思想道德素质、科学文化素质和身体素质的协调发展，增强我校思想政治教育工作的针对性、时效性和感染力、吸引力。

4. 坚持以关爱学生、服务学生为原则，及时发现，及时疏导，及早预防，有效干预，快速控制，降低心理危机问题的发生率，保证学校正常教育教学秩序的稳定。

5. 加强组织领导，坚持把心理健康教育作为一项系统工程，作为学校德育工作必不可少的组成部分，加强教职员工心理健康知识的学习和培训，各系、各部门领导要切实加强对大学生的心理健康教育工作，为增强大学生的心理素质而努力工作。

二、大学生心理健康教育主要内容

1. 宣传普及心理健康知识，使大学生能够认识自身心理活动与个性品质，了解心理健康对成才的重要意义，树立心理健康意识。

2. 介绍增进心理健康的途径，使大学生掌握科学、有效的学习方法，养成良好的学习习惯，自觉地开发智力潜能，培养创新精神和实践能力。

3. 传授心理调适的方法，使大学生学会自我心理调适，有效消除心理困惑，及时调节负性情绪；使大学生树立积极的交往态度，掌握人际沟通的方法，学会协调人际关系，增强适应社会生活的能力；使大学生自觉培养坚韧不拔的意志品质和艰苦奋斗的精神，提高承受和应对挫折的能力。

4. 认识和识别心理异常现象，使大学生了解常见心理问题产生的原因及主要表现，初步掌握心理保健常识，以科学的态度对待各种心理问题。

5. 根据大学生活不同阶段以及各层次、各学科门类、特殊群体学生的心理特点，有针对性地实施心理健康教育。新生心理健康教育重点放在适应新环境等内容上，帮助他们尽快完成从中学到大学的转变，确立恰当的自我概念及发展目标，正确规划大学生涯；大学二年级和三年级学生心理健康教育要以帮助他们了解心理科学基础知识，初步掌握心理调适技能以及处理好学习成才、人际交往、交友恋爱、人格发展等方面的困惑为重点；对于毕业生，要配合就业指导工作，帮助他们正确认识职业特点，客观分析自我职业倾向，做好就业心理准备。

6. 要针对大学生普遍存在的、较为集中的心理问题安排专题教育。如"适应中学到大学的转变""学习压力与考试焦虑""人际关系心理""性心理""情感心理"等方面的专题讲座和相关报告要经常开展。

7. 要特别重视经济困难、违纪处分、成绩低落等特殊群体学生的心理健康教育工作，促进学生健康成长。

三、组织机构和队伍建设

（一）组织机构

1. 成立学校大学生心理健康教育工作领导小组，负责协调和组织全校心理健康教育工作。由主管学生工作的副校长担任组长，由学生工作处处长、教务处处长、总务处处长担任副组长，由招就办、团委、各部（系）学办主任担任成员。

2. 成立校大学生心理咨询室，挂靠学工处。大学生心理咨询室是具体统筹全校性的心理健康教育、对大学生进行心理咨询和辅导的机构，也是学校专门协调和处理大学生心理健康教育过程中的突发事件的常设机构。要在大学生心理健康教育工作领导小组的领导下，加强硬件和软件建设，进一步改善工作设施、工作条件，提高为大学生服务的能力和水平。

（二）队伍建设

1. 通过各种形式，在我校建设一支以专职教师为骨干，兼职教师为补充，专兼结合、专业互补、相对稳定、素质较高的心理健康教育和心理咨询工作队伍。

2. 专、兼职教师必须经过系统培训，通过培训不断提高其从事心理健康教育工作所必需的理论水平、专业知识和技能。

3. 定期组织我校从事学生思想政治工作的干部、教师、学生辅导员、班主任及学生干部等进行心理健康方面的业务培训，不断提高他们对心理问题的鉴别能力，心理危机干预能力及心理健康知识素养。

4. 全校教职工都负有教育引导大学生健康成长的责任。所有教师都要关爱学生，及时了解学生学习、生活、思想及心理状况。

四、形成心理健康教育宣传网络

1. 要形成课内与课外、引导与自助、普及与咨询、个别面询与团体辅导相结合的心理健康教育工作的网络。教务处要把心理健康教育课纳入学校的教学计划之中，确保每个学期都开设全校性心理健康教育选修课，进行大面积的心理知识普及教育。

2. 要充分利用广播电台、校报、学工信息、橱窗、板报等宣传阵地，多渠道、多形式地正面宣传、普及心理健康知识，了解大学生的思想动态。特别要发挥学工在线网站的作用，对于学工在线信箱、心理健康子站的信息要及时进行回复和处理。

3. 要加强对大学生心理健康协会的管理和业务指导。大学生心理健康协会的主要干部要经过学生处、团委和各系部的考察，从中选拔德才兼备、身心健康的学生担任。要以大学生心理健康协会为骨干，加强大学生心理健康的宣传、调研、讲座，丰富大学生心理健康教育的途径。

4. 要把大学生心理健康教育纳入大学生校园文化活动的社会实践活动。通过第二课堂活动，广泛宣传、普及心理健康知识，强化学生参与心理健康教育的意识，提高学生关注心理健康的兴趣，通过校园文化建设营造积极、健康、高雅的氛围，陶冶学生高尚情操，促使其全面发展和健康成长。

5. 心理健康教育队伍要积极进行业务研究，积极探索规律，提升理论水平，使心理健康教育和心理咨询更具有针对性和实效性。

五、物质保障和经费投入

1. 积极创造条件，为心理健康教育与咨询工作的开展提供办公室、心理咨询室、团体辅导室和开展心理健康教育活动等必备的工作场地及工作设施，并按照心理咨询的专业要求科学地布置心理咨询场地。

2. 为确保大学生心理健康教育工作的正常运转，要保障经费投入，学校拨出专项经费，专款专用。对于从事心理健康教育工作的专、兼职教师和心理辅导老师，按有关规定计算工作量或给予合理报酬。

附录三：学生心理危机干预及自杀预防实施办法（试行）

加强大学生心理健康教育是新形势下全面贯彻党的教育方针、推进素质教育的重要举措，是促进大学生健康成长、培养高素质合格人才的重要环节，是加强和改进大学生思想教育的重要任务。为贯彻落实《中共中央、国务院关于进一步加强和改进大学生思想政治教育的意见》（中共〔2004〕16号）、《教育部、卫生部、共青团中央关于进一步加强和改进高校大学生心理健康教育的意见》（教社政〔2005〕1号）及《湖北省高校大学生心理危机干预及自杀预防实施方案（试行）》有关文件精神，大力加强我校大学生心理健康教育工作，确保我校大学生心理危机预警及干预工作实施到位，特制定本实施办法。

一、指导思想和工作目标

（一）指导思想

以邓小平理论和"三个代表"重要思想为指导，全面贯彻科学发展观和党的教育方针，以全面推进素质教育为目标，以提高大学生的心理素质为重点，立足教育，重在预防，促进大学生全面发展和健康成长。

（二）工作目标

构建大学生心理危机预警及干预工作体系，更好地帮助有严重心理问题的学生渡过心理难关，及早预防、及时疏导、有效干预、快速控制学生中可能出现的心理危机事件，降低学生心理危机事件的发生率，减少学生因心理危机带来的生命损失，促进大学生健康成长。

二、保障体系

（一）组织机构

1. 为了保障心理健康教育工作的顺利展开，学校把心理健康教育工作纳入重要议事日程，建立健全组织机构，成立了校大学生心理健康教育工作领导小组，由主管学生工作的副校长担任组长，由学生处处长、教务处处长、总务处处长担任副组长，由招就办、团委、各系（部）学办主任担任成员。领导小组负责指导和协调全校心理健康教育的教学、科研、辅导和咨询以及建立学生心理危机干预及自杀预防快速反应机制，及时解决工作中的困难和问题。领导小组下设办公室，办公室设在学生处，负责大学生心理健康教育及心理咨询等日常工作。

2. 进一步建立、健全心理健康教育与心理咨询的专门机构，明确该机构的职责范围及工作任务。

（二）队伍建设

各系部的学生心理危机干预工作由系部主管学生工作的领导负责，全体教职员工均有责任和义务。各系部全体学生政工干部尤其是心理辅导老师应积极协助系部学生工作负责人，抓好系部学生心理危机干预工作。

积极组建、大力扶持学校心理健康社团和学生心理委员，充分发挥学生心理健康社团骨干、班级心理委员在学生心理危机干预中的作用。

三、预防教育

1. 大力开展心理健康宣传教育，开设心理健康教育方面的必修或选修课程，通过课堂教学、教育活动、专家讲座、网络、学生社团等形式宣传普及心理健康知识，介绍增进心理健康的方法和途径，解析心理现象，传授心理调适方法，形成良好的心理健康氛围，帮助学生优化个性心理品质，提高心理健康水平。

2. 面向学生进行生命教育，引导学生热爱生活，热爱生命，善待人生；进行自我意识教育，引导学生正确认识自我，悦纳自我，积极发展自我，树立自信，消除自卑；进行危机应对教育，让学生了解什么是危机，什么情况下会出现危机，哪些言行是自杀的前兆，对出现自杀预兆的同学如何进行帮助和干预等。

四、预警对象

存在心理危机倾向与处于心理危机状态的学生是我们关注与干预的对象。确定对象存在心理危机一般指对象存在具有重大影响的生活事件，情绪剧烈波动或认知、躯体以及行为方面有较大改变，且用平常解决问题的方法暂时不能应对或无法应对眼前的危机。

对存在下列因素之一的学生，应作为心理危机干预的高危个体予以特别关注：

1. 在心理健康测评中筛查出来的有心理障碍或心理疾病或自杀倾向的学生；

2. 遭遇突然打击和受到意外刺激后出现心理或行为异常的学生，如家庭发生重大变故、身体发现严重疾病、遭遇性危机、感情受挫、受辱、受惊吓、与他人发生严重人际冲突后出现心理或行为异常的学生；

3. 由于学习、环境等方面严重适应不良或就业压力特别大，出现心理或行为异常的学生；

4. 因严重网络成瘾行为而影响其学习及社会功能的学生；

5. 性格内向、经济严重贫困且出现心理或行为异常的学生；

6. 有严重心理疾病（抑郁症、恐怖症、强迫症、癔症、焦虑症、精神分裂症、情感性精神病等）且出现心理或行为异常的学生；

7. 对近期发出下列警示讯号的学生，应作为心理危机干预重点对象及时进行危机评估与干预：

（1）谈论过自杀并考虑过自杀方法，包括在信件、日记、图画或乱涂乱画的只言片语中流露死亡的念头者；

（2）不明原因突然出现给同学、朋友或家人送礼物、请客、赔礼道歉、无端致以祝福、述说告别的话等明显行为改变者；

（3）情绪突然明显异常者，如特别烦躁、高度焦虑、恐惧，易感情冲动，或情绪异常低落，或情绪突然从低落变为平静，或饮食睡眠受到严重影响等。

五、预警机制

为确保大学生心理危机干预及自杀预防工作快捷有序地开展，在"大学生心理健康教育工作领导小组"领导下，建立学生心理危机干预及自杀预防快速反应机制，及时处理学生心理危机事件。

建立班级、系部、学校三级预警系统。

（1）一级预警：班级。设立班级心理委员。充分发挥班级学生干部、学生党团员的骨干作用，关心同学，广泛联系同学，通过多种方式，加强思想和感情上的联系与沟通，了解思想动态和心态，一旦发生异常情况，及时向辅导员、班主任报告。

（2）二级预警：系部。系部党政领导、教师要关爱学生，密切关注学生异常心理、行为，学生政工干部、辅导员要有针对性地与学生谈话，帮助学生解决心理困惑，对重要情况，要立即向有关领导、有关部门报告，并在专家指导下及时对学生进行快捷、有序地干预。

（3）三级预警：学校。

1）认真开展大学生心理健康测评，建立大学生心理健康档案，筛查出需要主动干预的对象并采取相应措施；

2）学校心理咨询人员要牢牢树立心理危机干预及自杀预防意识，在心理辅导或咨询过程中，如发现处于危机状态需要立即干预的学生，要及时采取相应的干预措施。

六、干预措施

1. 对有严重心理障碍或心理疾病学生的干预措施

（1）对有严重心理障碍或心理疾病的学生，学校须请专业精神卫生机构或专家对学生的心理健康状况进行评估或会诊，并提供书面意见；

（2）如评估某学生可以在学校边学习边治疗，学校须密切注意该生情况，开展跟踪咨询，及时提供心理辅导，必要时进行专家会诊、复诊；

（3）如评估某学生回家休养并配合药物治疗有利于其心理康复，学校须派专人监护，确保其人身安全后，通知学生家长将其带回家休养治疗；

（4）如评估某学生住院治疗有利于其心理康复，学校须及时通知该生家长将其送至专业精神卫生机构治疗。

2. 对有自杀意念学生的干预措施

发现或知晓某学生有自杀意念，即该生近期有实施自杀的想法和念头，要密切关注，视其严重程度采取以下措施：

（1）立即将该生转移到安全环境，并成立监护小组对该生实行24小时全程监护，确保该生人身安全，同时通知该生家长到校；

（2）由有关部门或专家对该生的心理状况进行评估或会诊，并提供书面意见；

（3）如评估该生住院治疗有利于其心理康复，学校应立即通知家长将该生送至专业精神卫生机构治疗；

（4）如评估该生回家休养治疗有利于其心理康复，学校应立即通知家长将该生带回家休养治疗。

3. 对实施自杀行为学生的干预措施

（1）对正在实施自杀行为的学生，一旦发现便立即启动"学生心理危机干预及自杀预防快速反应机制"，各有关部门立即派人赶赴现场协调配合处理危机；

（2）对刚实施自杀行为的学生，要立即送到最近的医疗机构实施紧急救治；

（3）及时保护、勘察、处理现场，防止事态扩散和对其他学生的不良刺激，并配合、协调有关部门对事件调查取证；

（4）对自杀未遂的学生，经相关部门或专家评估，如住院治疗有利于其心理康复，通知家长将该生送至专业精神卫生机构治疗；如回家休养治疗有利于其心理康复，在其病情稳定后由家长将其带回家休养治疗；

（5）正确应对新闻媒体，防止不恰当报道引发负面影响。

4．对有伤害他人意念或行为学生的干预措施

（1）对有伤害他人意念或行为的学生，由相关部门立即采取相应措施，保护双方安全；

（2）组织相关部门或专家对该生精神状态进行心理评估或会诊并提供书面意见，学校根据评估意见进行后续处理。

5．愈后鉴定及跟踪干预制度

（1）学生因心理问题住院治疗或休学申请复学时，应向学校提供相关治疗的病历证明，经学校心理健康咨询中心、校医院等相关部门或专业精神卫生机构评估确已康复后可办理复学手续；

（2）学生因心理问题住院治疗或休学复学后，学校相关人员应定期对其进行心理访谈，了解其思想、学习、生活等方面的情况；

（3）对于有自杀未遂史的复学学生（有自杀未遂史的人属于自杀高危人群），学校应组织专家进行定期心理访谈及风险评估，密切监护，及时了解其学习、生活和思想状况，确保该生人身安全。

6．对危机知情人员的干预

危机过后，需要对知情人员进行干预。可以使用支持性干预及团体辅导策略，通过班级辅导等方法，协助经历危机的大学生及其相关人员，如同学、家长、辅导员以及危机干预人员正确处理危机遗留的心理问题，尽快恢复心理平衡，尽量减少由于危机造成的负面影响。

7．危机干预及自杀预防的注意事项

（1）学校在开展心理危机干预及自杀预防工作时，应坚持保密原则，维护学生权益，不得随意透露学生的相关信息，并尽可能在自然的环境中

实施干预，避免人为地制造特殊的环境给被干预学生造成过重的心理负担，激发或加重其心理问题；

（2）对社会功能严重受损和自制力不完全的学生，学校不得在学生宿舍里实行监护，避免监护不当造成危害，以确保该生及其他人员的安全；

（3）学校与家长联系过程中，应注意方式方法，做好记载，妥善保存；

（4）如果发生的心理危机或自杀涉及他校，各高校应相互协作、支持，实行联动；

（5）干预措施中涉及学生需要休学接受治疗的，按照《普通高等学校学生管理规定》办理。

七、督导评估及理论研究

1. 为了使学生心理危机干预及自杀预防工作落到实处，接受省教育厅组织有关方面的专家学者及实际工作者，从加强领导，机构设置，师资队伍建设，教学、科研、开展辅导和咨询及工作的实效等方面，对学校开展心理健康教育工作的情况进行督导，切实推进大学生心理健康教育工作健康发展。

2. 大力加强大学生心理健康教育科学研究工作。在大学生心理危机干预及自杀预防工作中接受省心理健康教育中心业务指导和业务支持。

3. 密切与"省心理健康教育与咨询研究会"在科学研究和学术交流方面的联系，加强高校之间、高校与精神卫生专业机构的干预系统的联动和合作。

参 考 文 献

[1] 李笑燃．关于高校班级心理委员制度建设的思考 [J]．内蒙古师范大学学报（哲学社会科学版），2009（2）：32-35．

[2] 詹启生．班级心理委员工作手册 [M]．哈尔滨：哈尔滨工业大学出版社，2008．

[3] 周红五．心理援助：应对校园心理危机 [M]．重庆：重庆出版社，2006．

[4] 张丽琼．高校心理委员之有效工作模式探讨 [J]．中国电力教育，2010（31）：150-151．